Del susurro al rugido

(Antología personal)

PIEDRA DE LA LOCURA

Colección

———————————————

Collection

STONE OF MADNESS

Manuel Adrián López

DEL SUSURRO AL RUGIDO

(ANTOLOGÍA PERSONAL)

Nueva York Poetry Press®

Nueva York Poetry Press LLC
128 Madison Avenue, Oficina 2NR
New York, NY 10016, USA
Teléfono: +1(929)354-7778
nuevayork.poetrypress@gmail.com
www.nuevayorkpoetrypress.com

Del susurro al rugido
(Antología personal)
© 2022, Manuel Adrián López

ISBN-13: 978-1-950474-86-8

© Colección *Piedra de la locura vol. 14*
Antologías personales
(Homenaje a Alejandra Pizarnik)

© Dirección:
Marisa Russo

© Edición:
Francisco Trejo

© Diseño de portada:
William Velásquez Vásquez

© Pintura de portada:
Jaime Vásquez

© Fotografías:
Lydia Rubio p. 15, Elsa Roberto p. 31
Ulises Regueiro p. 57, Jorge Pino p. 81
Jorge Buffa p. 111, Marisa Russo p. 171
Adrián Cadavid p. 199, Jorge Buffa p. 237

López, Manuel Adrián
Del susurro al rugido / Manuel Adrián López; 1ª ed. New York: Nueva York Poetry Press,
2022. 266 pp. 6"x 9".

1. Poesía cubana. 2. Literatura latinoamericana.

A Elena Tamargo

Un hombre es la lista de sus cosas hechas

GOETHE

Yo, el arquero aquel
(Editorial Velámenes, 2011)

Te decía en la carta que juntar cuatro versos no
era tener el pasaporte a la felicidad
timbrado en el bolsillo…

GONZALO ROJAS

BUSCO SONETOS PERDIDOS
perdidos…
en la niebla de mis ojos
que ya no distinguen los rostros
y sólo por el olor de sus letras
llego a su puerta.

LAS TABLAS QUE LLEGAN

alertas que Dios manda
dices que siempre funcionan.
Las tablas que asoman
sus deseos de tocarte
flotando en mares
y tú mirando hacia otros océanos.
Las tablas que tocan tu puerta
hay días que te alegran
otros pretendes que ni existen.

¡Oh tablas que Dios te manda!

HE DECIDIDO PERDERME EN POEMAS

los tuyos ya no los busco
duele demasiado tocarlos
incluso a simple vista.
He decidido ahogarme
a ciegas en lecturas
de Sylvia Plath
donde el dolor protagoniza
pero no me recuerda
tu látigo.
He decidido separar
mi alma de tus versos
los he guardado en alguna gaveta
y ahora
sólo lo desconocido
me produce la calma.

TROPECÉ UNA Y OTRA VEZ
conocí el café de Guatemala
el sabor del *apple pie*
y acentos
de diferentes regiones de la isla.
Pretendí mudar
mis miedos a otros lugares
intentar el suicidio
aferrarme a una canción
jugar con lo perdido.
Amé en diferentes
idiomas
repetí mil veces
la historia de cómo fue
hasta el cansancio.
Olvidé nombres
caras y olores
borré recuerdos
tiré toda evidencia
al cesto de la basura.

A diario me pregunto
cómo se puede sentir uno
de ochenta años a mi edad.

TENGO PEDAZOS MUERTOS

nada siento
o será que no recuerdo
esos trozos de mí.
Si pasaran más rápido los días
las noches menos lentas
esos dolores se acostumbrarían
a mis terrenos áridos.
No miro los relojes
detesto que mi cuerpo sepa
el tiempo que le queda
las faltas de mis horas.
Tengo pedazos muertos
secuelas de las guerras
que debieron ser fiestas
y durar un poco más.

SI TUVIERA RESPUESTAS

sería millonario
o pastor de alguna
iglesia fantasma.
Si la crueldad
no me hiciera daño
sería como tú:
pretendería ser poeta.
Si caminara
por esta ciudad sangrante
sin salpicarme
sería un héroe.

Al final del día
lleno de preguntas
y sin una sola respuesta
me cubro con el manto del silencio.

TU RECUERDO

siempre me lleva
a un cementerio
al verte caminar noto
que tu espalda se rompe
de tantas alabanzas
ya ni tus piernas te salvan
pedazo a pedazo
te descompones.
Tu risa
que pudo ser ligera
hasta grandiosa
se te ha quedado grabada
como una mueca.
Pareces tener
una perenne máscara
veneciana
de esas que se compran
en las tiendas de baratijas.
Tu olor
a jabones ingleses
ya no lo recuerdo
a veces me pregunto si desde entonces
ya habías decidido
terminar con tus días.
Si esas noches de confesiones
y búsquedas
eran sólo el principio del fin.

CAMBIOS DRÁSTICOS

la luz que se apaga
paredes vacías
un piso gastado
velas derretidas
cada silla con rumbo diferente
y el eco lejano que te despide.
Las plantas sin dueño
lagartijas que se enamoraron
en tu pared prestada
voces vecinas
recuerdos de poetas
músicos y pintores
llenos de candor.
La puerta se cerró
las sillas en la acera
se mudaron de casa
los faroles
¿quién los encenderá?
Me fui sin mirar
sin llorar
sin hablar.

SOY EL ARQUERO
que se resguarda
de los cientos de flechas
que a diario le lanzan.
De camino al trabajo
una mujer enfurecida
gritó improperios
a mi lentitud en el semáforo.
the flavor of the month
exigió una disculpa
por haberle asignado
un asiento indeseable.
Regreso a casa ilusionado
vuelvo a mi escondite
aquí las flechas
son manipuladas por mí.

Los poetas nunca pecan demasiado
(Editorial Betania, 2013)

Medalla de Oro, Florida Book Awards, 2013

Dad licor fermentado a quien perece y vino a
los de amargado espíritu.

LA BIBLIA

EN ESTOS DÍAS POR ESTA CASA

En esta casa de paredes tiznadas de un verde raro
y ruidos que se oyen solo de madrugada
vivimos dos hombres y una gata
rodeados de libros espíritus pinturas
y el equipaje que ambos trajimos del pasado.
Todo se ha cubierto de un mismo esmalte
que impide distinguir quién es quién.
La gata sabe manejarnos:
cada mañana nos despierta exigiendo agua y comida
gira en círculos por mi lado de la cama
esperando que aparte la cortina para así posarse
y entablar conversación con pájaros y lagartijas.
Hemos vivido juntos todas las fechas del calendario
hasta un árbol de navidad tuvimos un diciembre
y antes de tiempo lo arrastramos hasta la acera
donde quedó olvidado.
Yo vivo flotando por los aires
soñando con marcharnos hacia el Norte
pero mi cómplice echa el ancla y me devuelve a la tierra.
Este día catorce que todos dicen debe ser colorido
lleno de signos de exclamación y frases tan usadas
no es más que un invento de pícaros que buscan oro.
En esta casa donde vivimos dos hombres y una gata
celebramos a diario que todavía queremos compartirla.

RECETAS

Deja de acumular tantos recuerdos
fotos
notas de amores superados
aplasta los libros de tus enemigos
con la herramienta del olvido.
Invéntate un mundo.
Aparenta que vives mejor.

EL PESO QUE LLEVO ENCIMA

Siento que llevo encima muchos cuerpos
disfraces que cambian con la luna.
Algunos tienen una sed insaciable de amarte
otros buscan cada instante perdido
para ser poseídos por cualquier extraño.

EL GUERRERO

No era perfecto
caminaba con paciencia
dormía con dificultad
y cada gota que se perdía en el mundo
aparecía derramada en su camisa nueva.
Vino a socorrerme:
un verdadero guerrero con herramientas
cables y cables para arreglármelo todo.
Cada cierto tiempo
jugábamos
pero nunca juró que me amaba.

ELIXIR X

Saboreábamos el dulce que lento nos mataba
A pedazos perdíamos:
Un dedo
Una oreja
Un ojo
Buscábamos debajo de la cama
En cada rincón
Como hacen los adictos.
Este elixir es mucho más efectivo
que las armas de destrucción masiva.
Iba colándose en las venas
navegando por nuestros cuerpos
que explotaban como globos al sol.

SAMURAI

Ayer escondí mi disfraz japonés
lo metí en una esquina del armario
tan profunda que ni la gata
con toda su sagacidad logra encontrarlo.
Saque todas mis armas:
una a una las tengo aquí ordenadas encima de la cama
voy enumerándolas.
Preparo la guerra.

DESDE LA SILLA

Me siento en la misma silla todos los días
al lado del escritorio que perteneció a una poeta
que nunca conocí.
Desde ese ángulo la silla vigila cada movimiento:
Los brincos ágiles de la gata
la sombra que hace de las suyas
el vaivén de los ventiladores en cada habitación
mis ronquidos que son más intensos.
Los pensamientos que nos delatan
pero que callamos por miedo
temiendo el derrumbe y el después.
Casi nunca me miro al espejo
pretendo que los pocos que quedan
simplemente no existen.
Luzco un perenne disfraz
una sonrisa que se convierte en mueca
ojos que viven poblados de nubes
dedos que pronto serán mutilados.
Pero he perdido la valentía
y el desafío que habitaban en mí.
Ahora solo me queda confesarme
escribir estos versos
rogar que apacigüen
la tormenta
disturbios que cada cierto tiempo
vienen a azotarme.

Sería mucho más fácil para todos
incluso para la gata
si me levantara de la silla
recogiera la pañoleta
que heredé de otra poeta
y emprendiera un camino
sin recuerdo
ni foto
ni memoria.

GRANDES MOMENTOS DE SOLEDAD

Sé que me aguardan grandes momentos de soledad
me preparo para no sentir miedo al silencio
y que la inercia no acabe por atormentarme.
Llenaré el espacio con la voz de un cantante
iré de una a otra habitación
llenándolas de diferentes músicas
para evitar que no aparezca el verdugo.
Para entonces ya habré leído todos los libros
no tendré espacio para aceptar nuevos autores
y yo pareceré una montañita derrumbada.
Cuando eso ocurra
hasta los libros me habrán abandonado
las ventanas estarán tapiadas por armarios enormes
que como centinelas
no dejarán pasar la claridad.
Ya no pondré flores en el búcaro rojo que debí regalar
a cualquier principiante con futuro.
Es muy probable que la gata haya muerto
que todavía le ponga su comida en el lugar de siempre
quizás hasta siga conversando con ella
pero sin su mirada de aprobación al leerle un poema
o su maullido para que le abra la cortina.
Vendrá la soledad
cuando me haya quedado sin recuerdos
y el silencio imponga su presencia.
Si pudiera cortar de un tajo la memoria
no tendría que soportar su peso… que me hunde.

SI QUIERES SER ACEPTADO

Si quieres ser aceptado debes usar algún tipo de droga
puede ser Tylenol en grandes cantidades
el uso de Viagara me temo que no
pero sí numerosas copas de vino tinto de *tresnoventaynueve.*
Si es posible debes tocarle la portañuela a un poeta
pero sólo si eres casado y tu mujer lo aprueba.
En época de elecciones tienes que unirte al coro:
la maromera que canta rancheras
y que meses antes era del otro bando
grita desmelenada que votes por su líder.
Si no tienes una mascota adopta aunque sea un delfín
eso te hará quizás interesante.
Debes llorar de repente
(para eso lleva siempre una cebolla en el bolsillo)
hablar de cuando estuviste en la cárcel
por contrarrevolucionario pero que en realidad…
bueno la realidad no es un tema importante.
Inflar tu currículo tiene que ser prioridad
si no sabes hacerlo consulta con la sabelotodo
que aunque la ortografía no es lo suyo
es una bárbara… ¡qué no saca de la manga!
Invéntate una enfermedad romántica
todos debemos ser al menos bipolares.
Olvídate de comer carne de cerdo en público
mejor apio tofú remolacha y hasta leche de almendra.
Habla sin parar sobre el horror de ser carnívoro
total nadie se enterará de tus furtivas escapadas

y dado el caso aclara que las hamburguesas
son para los *homeless* de tu barrio.
Usa negro y accesorios folclóricos
una peineta china sería todo un éxito.
Ni te atrevas a decir que te gusta la música de la Guillot
porque sería un fracaso.
Lánguida… suelta que solo oyes a Cucú Diamantes.

BUSCANDO DIOSES

Busco consuelo en las páginas de un libro de Anne Sexton
Quizás Dios es una voz profunda que sólo los sordos oyen.
Sin embargo yo me he aferrado a dioses
los he involucrado en cada brote de respiro
han tenido su espacio en rincones y altares
llevo collares con caracoles recogidos en océanos lejanos
no he tenido el valor de leer los rezos de un sidur
que encontré olvidado en un parque
porque mis plegarias no serían respetuosas.
Cuántos pactos debo haber hecho y roto en tantos años
buscando un Dios un Guía un Maestro
para terminar exhausto del otro lado del río
sin esperanzas y hambriento de manjar alguno.
Si la respuesta fuera escuchada en la sordera
pondría cada oreja en la guillotina
y a gritos exigiría al verdugo de turno
que me librara de ellas.

DES-ARMADOS

En esta casa que vibra con las notas de una cantante
desconocida
hemos enterrado en el patio todos nuestros cuchillos.
Partimos el pan y las frutas con manos expertas
sustituimos la carne por manjares que no resulten
dolorosos
y sorbos de aire puro antes de que salga el sol.
Ya no cortamos las flores del jardín
para depositarlas en recipientes fríos
no dejamos a la gata encerrada en la cocina
ahora corre libremente
y tumba todo a su paso.
Nosotros los que un día creímos que las guerras se
ganaban con armas
somos transeúntes invisibles en esta ciudad que mata.

EL DESAMPARADO

Cada domingo al pasar por esa ruta del dolor
lo veo sentado de penitencia en el banco
sopla y mueve sus dedos creyendo que toca el clarinete.
El cuerpo de atleta aquella sonrisa brillante
y todos sus atributos hecho trizas.
Su domadora sigue en el mismo lugar
lista para un latigazo o una breve caricia.
Entre semana estudia teología y política global
enclaustrado en la biblioteca pública
transita por el internet buscando música
flamenco puro o algo de Miles Davis.
De vez en cuando se acuerda quien realmente fue.
Sale a buscarla afeitado oloroso
con un traje Dior de su época de guardaespaldas.
En menos de una semana regresará a ese banco
sueña con cosas simples:
arroz blanco con sardinas
horas interminables sudando al juego del amor.
El próximo domingo me detendré al pasar
le gritaré como hacen los demás:
¿Y el clarinete?

CONFESIONES INESPERADAS

Encontré confesiones tan inesperadas
como la nieve en el trópico.
Sabía que una alianza fuerte habitaba entre ellos
pero no lograba descifrar las formas diferentes del amor.
Quizás ignoraba que la complicidad
es no solamente manejar el silencio
sino los oleajes y el estruendo del mar.
En cada renglón de aquellas cartas encontradas
podía oler el perfume de ciertos momentos
que pocos supieron entender.
Hasta la mano oscura de falsos religiosos
se interpuso confundiéndolos.
Sé que no fue fácil un mundo que no vestía los mismos
tonos
el palo rosa no es para la muchedumbre
y las yeguas siempre viven más felices sueltas en el campo.

EL PARAÍSO PERDIDO

Arrancaron de raíz las trinitarias que cubrían la tapia
el paraíso que fuimos creando lentamente
en veinticuatro horas se convirtió en desecho.
La oreja de elefante que daba sombra
y me tapaba cuando me duchaba afuera
fue reemplazada por un cártel anunciando la venta de licor.
No queda nada del pozo armónico que saciaba la sed
a personas tan diferentes entre sí.
Los mapaches aficionados a la poesía
tuvieron que exiliarse en un cercano club nocturno
y cambiar los versos por algún bolero extraviado en alcohol.
Nadie sabe a dónde fueron a parar
dos árboles de tamarindo rescatados de la basura.
La domadora de hadas y centauros sigue desorientada
sin encontrar almendros que den sombra a la hora de pastar.
El único consuelo que tengo es que dos poetas y un soñador
ya no están entre nosotros y no podrán ver tanto destrozo.
Han borrado sus nombres y frases célebres
para reemplazarlos con murales solariegos.
Un lagartijo enamorado pudo reconocerme
aun con el disfraz de japonés que llevo encima.
Me pidió que le ayudara a encontrar a su lagartija perdida
porque ya no podía rozar su cuerpo contra otro soneto
como aquel que un poeta maldito una vez escribió
con sus dedos manchados de sangre en aquella pared.

AL FIN, UNA RESPUESTA

Me he pasado siglos buscando respuestas
a estos *mood swings*
malestares que de tiempo en tiempo
aparecen sin piedad
como por arte de magia
y logran hacer daños tan destructivos
como cualquier Andrew o Katrina.
En medio de una pubertad confusa
coleccionaba recortes de Madonna
y fotos antiguas de otra rubia.
Dormía envuelto en afiches
que desde la pared revisaban
cada confesión escrita.
Inventaba personajes casi a diario
realidad-versus-fantasía.
Escapaba con extraños
que aparecían y a la vez desaparecían
como una liebre en el sombrero
del mago de turno.
Sobreviví los ochenta y el sida
los primeros amores
el eco de tanta aventura
la obesidad de los noventa
y cada NO que azotaba.
Escapé a lugares
sin maletas solo con fantasmas.

Cada empezar de cero
traía remedios temporales
una curita para la herida del momento.
Escribía sin frenos:
en libretas
cajas de fósforos
en las revistas robadas
de oficinas médicas
donde nunca encontraron
remedios a mi dolor.
Todavía no entendía los sueños
sentía las cuentas blancas
de collares que daban vueltas
en mis tobillos…fríos de miedo.
Debo confesar que he pasado siglos sin entender
a veces provocando atentados
yo siempre contra mí mismo
además de cada espiga de trigo
alzándose en mi contra.

Para diluir los días
enmascarando mi verdadero fin
me he vestido de arcoíris
navegado mares
abierto y cerrado moradas pasajeras.
Hasta una madrugada
cuando sentí un dolor profundo
un hueco que se abría en el pecho
estruendos de dinamita
luces de planetas desconocidos

para llevarme al principio y al final de mis días...
El silbido de pájaros en la ventana
que anunciaban el llamado de la poesía.

El arte de perder
(Eriginal Books, 2017)

...so many things seemed filled with the intent
to be lost that their loss is no disaster.

ELIZABETH BISHOP

SE PIERDE UN POCO DE TODO

es tiempo de tirar a la basura
los excesos que vas guardando
por necia costumbre
por si acaso sean necesarios algún día.
Se pierden los nervios
las herramientas para un libro
postales y cartas en el viento
desechos de un primer novio.
Fotos que recuerdas
exactamente quien las tomó.
Encuentras un rostro desnudo
escondido entre páginas
y buscas respuestas
que nadie te puede ofrecer.
Se pierde el respiro cuando lees a
Elizabeth Bishop
y entiendes que has alcanzado
el arte de perder.

AHORA MISMO SOLO PUEDO VER LAS PÉRDIDAS
recordar su destino
cada vez que se van en sobres amarillos
o cuando vienen desconocidos a la puerta
a recoger trofeos a mitad de precio.
Enfocado en sudorosos billetes
amnésico
de lo que han vivido a mi lado.
Imagino que una gigante hoguera
arde con buena parte de mi pasado.

TENGO OCHENTA ÍNTIMAS AMIGAS

danzarinas
adictas al resplandor de lentes
fugaces
como mariposas.

Imito a Terenci
me refugio en diarios
de actrices de los cincuenta
enclaustrado vivo
pero sin mordiscos
de falsas aduladoras.

USADO

tan usado como los calzoncillos
que han perdido el elástico
y que bailan desplazándose
por debajo de mis nalgas
también faltas de volumen.
Usado como el sofá rosa
en su seno encontraron guía
para convertirse en poetas "del momento"
pedir consejos
y palabras
tan usadas como yo estoy.
Tan usado estoy
como los bancos de las paradas
donde ya nadie hace un alto
y los ómnibus siguen cargados
de cuerpos sin rostros.

SUPERAMOS EL PRIMER ANIVERSARIO

sin *champagne*
sin cidra barata
sin la mirada inquisitoria
de un quijote
a punto del suicidio.

FUI VOLCÁN

adormecía mientras
de mis cenizas suculentas
se nutrían hambrientos
que no cantaban
ni pintaban obras maestras
y tampoco escribían versos.
Fue difícil vivir en silencio
sabiendo que en la profundidad
habitaban demasiadas historias
necesitando ser contadas.
Se amontonaban
rostros de hombres intrépidos
que insistieron en conquistarme.
Algunos no regresaron
después del primer intento.
Ahora soy tsunami
y arrastro a cuanto
se detenga en mi paso
sin misericordia.

EL BRAZO DERECHO HUELE A ZANJA
destila un sudor rancio
que su vecino
el izquierdo no tiene.
Cuando lo alzo
como pájaro herido
desprende olor a monte
a escondite
a prófugo que lo persiguen
perros policía.
Después del baño
se apaciguan los olores
y cada uno vuelve
a su selva.

VAMOS EN BUSCA DE UNA LUZ
no sabemos de sus veranos
o despiadados inviernos
ni de qué tipo de vecinos nos tocarán.
No tenemos idea
si podremos transitar sus calles
y lograr reconocernos en las vidrieras
de tiendas chinas
bajo el constante asalto de la bachata.

Manuel Adrián López

ASOCIO EL BLANCO DE LA NIEVE
con el recuerdo de aquella isla
y de la abuela
abriendo el congelador
del General Electric Modelo 1958
clavando el cuchillo en su interior
para luego desangrar
gruesos bloques de hielo
que se desvanecían en ríos
frente a sus pies.

VUELAN AURAS TIÑOSAS POR ENCIMA DE NUESTRAS CABEZAS
han dejado de ser carnívoras
ahora comen pedruscos que prohíben la entrada
a hombrecillos malditos.
Debemos escondernos
debajo del colchón lleno de picotazos
por pájaros menos crueles
pero igual de violentos
con los que nos distanciamos de la manada.

ALGUNA VEZ TAMBIÉN BAILÉ QUINCES

mientras movía las piernas
pensaba en el americano peludo
con demasiados años
que me esperaba
en su casa de campaña
para juntos espiar a las estrellas.
Sudábamos como luchadores Sumo
The Supremes nuestra banda sonora
y para postre:
leche fría con galletas dulces.
Después de las acrobacias
regresaba al mundo concebido por otros:
a ser el sobrino
el buen estudiante
un niño amable.
La rebeldía que habitaba en mí
hacía estragos
escapaba con extraños:
el gigante rubio que daba nalgadas
un farmacéutico que inyectó *champagne*
en mis venas
y el cantante de ópera judío
que tuvo la gentileza de ofrecerme un cojín.
Alguna vez yo también bailé quinces
no fue una hazaña
terminó siendo otro castigo.

UN AMIGO TERMINÓ SUS DÍAS

con un revolver prestado
mientras sus viejos reían delante de la tele.
Nunca pude devolverle su *Mommy Dearest*
tampoco he podido recordar
dónde ubicaron sus restos.
La Chyna Fox duró un mes
en la habitación solitaria de un hospital.
Me lo dijo al teléfono la última vez:
"Si no vienes a verme ahora…
de aquí no salgo mi hermana".
El ladrón del candelabro de plata
se marchó también.
Ya casi no tengo recuerdos de su paso
y el candelabro lo vendí por unos pesos
a una mujer que recién
comenzaba a vivir su pesadilla americana.

LA ÚNICA MUJER QUE HA SIDO SENTENCIADA A MUERTE
en Georgia tiene antojos.
No está embarazada
ni tan siquiera padece de una enfermedad mortal.
Eso sí…
le pueden salir orzuelos gigantescos
a los involucrados en ejecutarla
si no la complacen.
Pide una suculenta cena de comida chatarra
para aliviar sus muelas inconformes
y mantener su peso desproporcionado.
En realidad
le gustaría masticar despacio
los restos del marido que mandó a matar
mezclados con el oportunista
que ahora la denuncia
y pone a salvo su pellejo.
Nunca ha sido una mujer dichosa.
No ha sido una belleza sureña.
Su final será con bombos y platillos
como deber ser para una Georgia Peach.
La única mujer que ha sido sentenciada a muerte
en Georgia se despide
y canta entre bocados de papas fritas:

Georgia, Georgia
The whole day through (the whole day through)
Just an old sweet song
Keeps Georgia on my mind (Georgia on my mind)

NO TENEMOS IDEA DEL PRÓXIMO PASO

esperamos congelados
como el cadáver embalsamado de Evita
que viaja de ciudad en ciudad.
Nos hemos mordido el labio inferior
soportando el dolor
sin hacer ni una sola pregunta al muerto.
En el andén de esta penúltima estación
con el testimonio que guardamos
en la pequeña maleta azul
serenos
esperamos el desenlace.

TUVE UN NOVIO INFLUYENTE

sus canas parecían copos de nieve
y su sonrisa tan bien elaborada
aparentaba pertenecer a un presidente.
En los pasillos del colegio
me observaba de lejos
aparecía de repente
imponía su autoridad de director.
Una mañana que el valiente habitaba en mí
le dejé una carta de amor
en la ventanilla de su carro
de hombre casado
y abuelo juicioso.
Fue a buscar mis caricias
vigilante nocturno
obligando mi cara entre sus piernas ágiles
proclamando:
"Recuerda que siempre será mi palabra contra la tuya".

CADA REVISTA QUE DEJO CAER EN LA BASURA
cada libro que forzosamente escojo guardar
en cajas que mantienen aún el olor a lechuga
cada hoja que arranco de este árbol que soy
acentuando agravios
flagelaciones que me suministro
para llegar a la conclusión
que es época de pérdidas.
Regalé la foto de un bailarín famoso
y el afiche que Robert Redford
tuvo la cortesía de enviarme
cuando todavía me consideraba
un isleño nostálgico.
Me desprendo de lo almacenado
pero no logro deshacerme
de la sombra de un poeta
que me acecha.

SE HA PERDIDO UNA VIDA ENTERA
con esta decisión de huir.
Entre los restos de la basura
están los algodones
tiznados de sangre
los alfileres que aguardaban nombres
en la lengua de vaca
y la montaña de ceniza
que han ido derramando los inciensos
aliviándonos de la maldad.
Hemos dejado atrás
una lavadora remendada
que solo arranca por las manos
del guerrero.
Se han quedado cadáveres
enterrados
en la penumbra del sótano
en la cerca que divide
en el fucsia de las carolinas.
Con dificultad
aun respira el peor de todos
viajando incómodo
dentro
de mi único par de zapatos.

El hombre incompleto
(Dos Orillas Editorial, 2017)

No soy un hombre, ni un poeta, ni una hoja,
sino un pulso herido que presiente el más allá.

FEDERICO GARCÍA LORCA

SOCORRO

Existe quien quiere salvarme
de los tentáculos
de los dedos torcidos
de la anticipada infelicidad.
Me pregunto si también de mí
podría liberarme.

LA PREGUNTA

No he sabido contestar la pregunta
cuelga en el aire
hilo fino
aliento cargado de versos
y café.
Debo tener respuesta
antes del amanecer
definir esta unión
de hombres cansados
en retirada
cómplices absolutos
que han hecho del amor
un tablero de ajedrez.

SALVAVIDAS

Tengo un puñal en el hombro izquierdo
y no logro girar la cabeza
como Linda Blair en El Exorcista.
No soy el único.
El sueño de la gata al amanecer
junta la noche y la mañana
evitando ver la cortina de tristeza.
Me acerco
toco su oreja para comprobar que respira.
Su padre duele a chorros
en silencio
y no quiere admitir que nos podemos haber equivocado.
Desde la lejanía
un poeta anuncia que quiere desaparecer.
Y otro
con utensilios de doctor en los ojos
piensa que puede aliviar mi tormento.

OTRO CUMPLEAÑOS

Otro cumpleaños... desprevenido
Resumen de bautizos y entierros repentinos
e inevitables.
Forrado de luto
que siento no me pertenece
oyendo el constante berrido de elefantes
que luchan entre sí por aplastarme.
Soy tenaz enredadera de extraviada apariencia
que tolera el alambre de púa ilusionado
para luego doblegarlo al puño de mi mano.

EL VACÍO

No respiro igual que los demás
existe una caverna
en el centro de mi pecho
misteriosa
hambrienta de posibles víctimas.
Imposible vestirse de limpio
manchas que recuerdan vómitos
cuellos amarillentos
perenne olor a cloro
que no ha blanqueado nada.

UN LIBRO PARA PERDONARTE

Debo escribir un libro
donde te perdone
para exaltar tus virtudes
decir del efecto de tus versos
redimirte delante de los búhos
y que las campanas vuelvan
a repicar
con el silbido de tu nombre
eco en mi templo.

DESVESTIRME

Una pata del pantalón
luego la otra
calzoncillos gastados
miembros que yacen dormidos.
Desabrochar la camisa almidonada
sobre un pecho con vellos lacios
lunares lunares lunares
aunque no bailo flamenco.
Quitarme las medias
uñas negras que apuntan al sol
resequedad de desierto.
Me he dedicado al arte
de hacer ruinas
con cada pedazo de cuerpo
pero me desvisto
y dejo ver las secuelas
de todo lo dulce que soy.

LA FRUTA DEL DESEO

Han cortado a medias la glándula
que provoca deseo.
Fue pulposa en su momento
prometía frutos.
Al tocarla con la yema de los dedos
se abría esplendorosa
como lo hizo alguna vez
la Puerta de Jaffa.
Hace tiempo que reposa fermentada
perdió el brillo
y el olor constante
que perfumaba cada habitación.
La cesta que ha llevado a cuesta
se ha roto
como aquel sillón de pajilla
que nunca pudo ser restaurado.

RESUMEN

Mil noventa y cinco días suman
sin un solo perro chino roto
ni escándalos.
No hay residuos de sangre
en la ventana
los cuchillos no se han exiliado
detrás del refrigerador.
Respiramos con la ayuda
de incienso
velas con olor a pino recién cortado
y colonia 1800.
Compartimos un año de astronautas
canciones de Cyndi Lauper
fotos infantiles
con el mismo teléfono negro en mano.
Pero se ha extraviado el deseo
en un callejón tapiado de hiedra
desprovisto de utensilios
para hallar la luz.

ESCENAS DE PELÍCULAS

Busqué ansioso en escenas de películas
que nadie entendía
un desenlace para estos tiempos.
Tenía suficiente material para la banda sonora
pero solo conseguí el silencio
y cientos de papeles repletos
con instrucciones para un suicidio.
Me aturdían mis pensamientos
que depositaba en un pozo
para luego revolverlos
con un cucharón de madera.
Los actores siempre encuentran el camino
se marchan a algún pueblo
se esconden en el verdor del bosque
y aparentan tomar el café
mirando los venados a través de la ventana.

EN LA PISCINA

Miles de poemas
dan vueltas en esta piscina
llena de peces muertos
que alguien se tomó el trabajo
de ir echando
uno por uno
mientras yo pretendía estar dormido.
Sé que existe una pala gigantesca
que es capaz de limpiarlo todo
pero ¿cómo ponerla a funcionar?
¿cómo eliminar tanto desperdicio?
En cualquier momento me lanzo
al mismo medio
y hago acrobacias
envuelto
en hojas secas
en peces boquiabiertos
en agua.

LOS BOXEADORES

Peleo en un cuadrilátero
donde han acuchillado al árbitro
y somos tres los que boxeamos
dando saltos
en un baile intermitentes
como los cocuyos y su resplandor
dentro de un pomo de cristal.
Encarcelados
a la defensiva de cada palabra
con guantes multicolores
que nos protegen de los golpes
y el ácido que soltamos
cuando alguno de los tres
muestra la primera señal
de querer abandonar la pelea.

DE FALTAS Y EXCESOS

Le sobraba una costilla
pero la naturaleza
castigadora como es
le había cortado de un tajo
un huevo que colgaba más
que el otro.
No sabrá hasta un futuro lejano
el porqué de estos hechos.
Mientras
ha pedido prestado a los dioses
algo de paciencia
y un huevo de repuesto.

LO QUE PERDÍ Y PUEDO PERDER

Se perdió el pie derecho
después de caminar por el Zócalo
y la uña del dedo gordo izquierdo
se disfrazó con burka
para pasar inadvertida
aunque terminó descubierta
por el dulcero de la esquina
quien la salpicó con miel
y grajea
haciéndola más dulce.
Se perdieron los ojos
mientras leían la Biblia
por primera vez
buscando respuestas a preguntas
que permanecen sin contestar.
Se perdió un pene
que no era el italiano
más bien chino
encogido por la pena
y la falta de deseo.
Se pierde la mente
a pasos agigantados
mientras formamos fila
bayonetas
apuntando al espacio
a un nombre común

enemigo silencioso
equivalente a la guerra
que ambos queremos ganar.

UNA ABUELA INVENTADA

Viajaba en un autobús casi vacío
veía las piernas de mi abuela
sus zapatos negros ortopédicos
sus manos cruzadas
sobre el mismo vestido negro
de bodas y bautizos.
Ella doblaba los dedos con vergüenza
evitaba que los demás
notaran las jorobas
serpientes que se entrelazaban
escondiendo versos recién escritos
principiantes poemas
que llevaba a cuestas.
Desperté con sobresalto
sentí el silbido de un tren
en mi garganta.
Miré cauteloso a mí alrededor
y al lado de mis espejuelos
encontré una libreta
rebosante de letras
indescifrables
que pertenecían a la abuela.

UNA MUJER LABORIOSA

para Magali Alabau

Una mujer laboriosa
que no es carnívora
sangra al leer sus versos.
Habita en un bosque tornasol
que cambia de verde a blanco
con el parpadeo de una ardilla
que se roba la comida de los ciervos.
Teje poemas
que se convierten en cubrecamas
para dar calor a animalitos
que comparten el sofá
y que atentos la escuchan leer
a Elizabeth Bishop
a Robert Lowell
o retomar el Génesis.
Está segura de que encontrará
una enseñanza
que se le había extraviado.
Tiene un amigo mudo
un oso añil
que viene a comer cada verano
la mira de reojo
sabe que puede confiar en ella
y se marcha satisfecho
hasta el próximo encuentro.

Se acerca el segundo aniversario
de nuestro primer cruce de miradas
diría, que es una eternidad
que siempre fue.
Permanecíamos en silencio
hasta despertar
de un invierno impuesto por la ignorancia.
La siento cerca
sorprende con un correo
"¿Qué tal campeón?"
Y escribo
escribo sin frenos
nos escribimos un día entero
un *back and forth*
hasta que sus "obligaciones"
la miran hambrientas
y yo recuerdo
que de diez a seis
tengo dueño.

EQUIVOCARSE

Equivocarse es tan común estos días
pensar que el extracto de la pasión
vive encerrado en el cuerpo adolorido
de un poeta a punto del suicidio.
Perder la noción de la realidad
malgastar segundos
confundir el olor a fosa
con el frescor de un omiero
que resbalará sin dogales
por el cuerpo apuntalado de un hombre
que recién descubre haberse equivocado.

LLEGO A LOS CUARENTA Y CINCO

Llego a los cuarenta y cinco
abundante de remiendos
llagas por doquier
por cada lección un parche.
Es de esperarse
comparto fecha con Frida.
Por arte de magia
o por cosas de mis muertos
quiero un día estar alegre.
Festejar con platillos mexicanos
piñata hecha por manos
de una hermana
que escondió bien su dolor.
Me confieso por teléfono
con una poeta
prometo obviar pesares
agradecer lo recibido
asumir esta larga lista de regalos:
un guerrero que me protege
una gata que a mis pies duerme
libros que llegan del Norte
palabras que vuelan como mariposas
que debo cazar
para enjaular en páginas vacías.
Crece a diario esta lista
que alberga hasta un artesano
dibujante de versos

artista del papel.

Haré lo necesario para lograr la risa
donde brotarán flores multicolores
parecidas a las que La Sufridora
vestía disfrazando su escozor.

LA RUBIA PLATINO

Fue ella la que me enseñó a dibujar un perro
a calcar un gigantesco borrego
a escribirle cartas a desconocidos abuelos.
Los pasos de danzón que conozco
fueron idea suya
bailábamos al mediodía
y sus poderosas piernas se movían
al compás de la música
que se escurría a través del televisor ruso.
Fue ella la dueña de mis sueños
soportaba mi mal dormir
combatía a fantasmas que me acechaban
con mentol chino y hojas de salvia.
Al cruzar el océano
fue ella la que encontró la pieza
para el rompecabezas
que mis padres habían hecho de nuestras vidas.
Olvidarla sería una tarea imposible
este hombre incompleto que soy
fue moldeado por sus manos
por sus albóndigas
y chicharritas finamente cortadas.
Escribo sabiendo que poco le falta
para emprender un viaje
reencontrarse con hermanos
y con un hombre que se fue en la madrugada.

Pero no le temo a lo invisible del cuerpo
espero el susurro al oído
el guiño de un ojo solo para mí
espero a que la rubia platino
sonría como las diosas
y desde ese umbral luminoso
se convierta en mi escudo.

Los días de Ellwood
(Nueva York Poetry Press, 2018/2020)

Lo que tengo por novedad no es novedoso,
es la novedad de la gota de agua.

RAFAEL CADENAS

UNA BRISA SUTIL LE ROZÓ EL HOMBRO
al detenerse frente a los sangrientos tapices
en el preciso momento
que buscaba al culpable de semejante masacre.
Miró a su alrededor.
Se oyó el grito que emanaban
los textiles
goteando un rojo desteñido.
Celebraron con algarabía.
Turistas insensibles
ciegos ante el suplicio.
Vuelve el roce que ahora distingue:
esplendorosa crin del unicornio
antes de sucumbir.

QUIERE FLOTAR COMO EL HUDSON

igual a los restos de los cerezos
desplomándose en la orilla
o la basura que desechan
hombres de otras islas
que después de festejar
atropellan el verdor recibido.
Oh divinas aguas déjenlo flotar
aunque sean demasiado heladas
y estén pobladas de sueños
por visitantes
que han venido buscando un respiro
de la aniquilante nostalgia del trópico.

MANTIENE LA PENUMBRA ALLÍ DENTRO.

Esquiva las imágenes
que rebotan desde afuera:
senos apuntando como fúsiles
y cientos de pájaros desubicados
por el zumbido
de una música tormentosa.
No logra ver la niebla que lo calma
cuando se acumula sobre el río
ni el verdor que lo apacigua
en ausencia del océano.
Es arquitecto experto de sus alrededores.
Con un abrir y cerrar de persianas
fabrica ese entorno defectuoso
donde habitan puentes.
Puentes que cuelgan sumergidos
en la densidad de sus emociones
de una lucha por dominar
el uno al otro
ambos a sabiendas que serán desplomados
al menor descuido
al menor intento
de que alguno pretenda rebelarse.

CUESTIONA SU PRESENCIA
en la ciudad de estreno.
Viaja en el autobús
observando en silencio.
Dibuja rostros con tinta china
visualiza pestañas azabaches
y labios de rojo ópera.
Escribe versos para amantes
que nunca logra recordar.
Todo se extravía
en ese transcurrir de calles.
Se pellizca
se da una bofetada.
¿Será o no será un espíritu?

ASESINAN CON LA DESTREZA
de un respiro.
Son una plaga incapaz
de detenerse a recoger el papel extraviado
o la cerveza
que alguien dejó de florero en un banco.
Aplastan las florecillas silvestres
porque no saben sus nombres.
Gritan igual al pájaro
cuando el niño le lanza un flechazo.
Se han convertido en plaga infernal.
Expertos asesinos en serie.

HA INTENTADO SER TRAPECISTA EN MÁS DE UNA OCASIÓN.
Ha sentido la mano invisible
prohibiéndole lanzarse.
Le seduce el brillo de los rieles
y la basura que la gente va desechando.
Se detiene a unos pasos
al filo de la plataforma.
Extiende el cuello como garza
olfateando lejanías.
Ha querido ser brisa y saltar al vacío
sentir el paso del tren que se aproxima
acariciándolo.

CONDONES USADOS

sin saber quiénes fueron penetrados
en las escaleras
sin saber si lo disfrutaron
en el parque
sin saber si fue a la fuerza.
Acaso los mapaches fueron testigos
de a donde fue a parar el semen.
¿Se habrá convertido en fertilizante?
Y los rostros:
¿A quiénes pertenecen los falos invasores?

HA SIDO ATRAPADO COMO EL UNICORNIO.
Ha sentido las flechas
hundiéndose en su piel.
La sangre se ha derramado por sus piernas
creando el mismo recorrido del semen
después de los gemidos del cazador.

MARILYN IN MANHATTAN...

Atrás han quedado los agitadores
de tiempos pasados.
Ha venido a buscar versos
y relatos de fantasmas
en la turbulenta adolescencia.
Son demasiados los Milton Greene
que han intentado moldearlo.
No es barro.
Es portador de susurros
templo de conversaciones
maleta que esconde la raíz
de la rubia que ha sido
y del sobreviviente.

POETAS ENLOQUECIDOS
por el dichoso exilio
exabruptos a la hora de la cena.
Evitar *la cosa cubana*
evitar a mujeres enloquecidas
evadir a los recién llegados
de cualquier isla.
Los espíritus se cansan de alertarlo
preocúpate por lo tuyo
ni un solo salvavidas lances más
a los que han decidido ahogarse
en su asfalto hirviente
desde sus ventanas sin vista
al Hudson.
Se ha refugiado en esta selva
pero no es guardabosques.
Imposible auxiliar a cada juglar
que asome su nariz
detrás de un libro abandonado
en los anaqueles polvorientos
de una difunta librería
de cualquier calle anónima.

LOCALIZA LA CALLE BENNETT

a la altura correcta
donde vivía una poeta
que se lanzó del séptimo piso
en la soledad de una noche
mientras sus padres judíos
veraneaban en el balneario
de la ciudad
de la cual ha intentado escapar.
Había agotado las lecciones
del Cábala
el estigma de ser la última amante femenina
de Ginsberg
y los intentos de amar a otras mujeres
rehúsas a usar sus verdaderos nombres.
Llamarla rebelde
sería reducir su pesar.
Un atropello
tan cruel como la avalancha
de su cuerpo pesado
atravesando la ventana con cerrojo
sirviéndole de pasadizo
hasta el patio interior
de esa vivienda que busca
en la calle Bennett.

DESCUBRIÓ UN MAR QUE LO ALIVIA

con su agua helada y oscura.
Ya no se asombra.
Al sumergirse en sus profundidades
busca cura para sus males.
Reza a una Yemayá neoyorquina
para que se encargue
mientras
detalla las curvas de los parroquianos
que no conocen de complejos
ni falta de autoestima
ostentando cuerpos
fabricados en la antigua Rusia.
Llevan a la orilla
sus *Pirozhki* o *Pirogí*
acompañado de té
para festejar el verano.
Toma nota de los fines de semana
restantes
para volver a la playa de Brighton
donde ha ido encontrando un respiro
y recordando las pláticas de Elena
reina de pasadas noches
en un Moscú
que nunca conocerá.

Y SI UNA NOCHE DE OTOÑO
durmiera en el banco del vagabundo.
Y si le robara su manta de estrellas
usurpando
su puesto de vigilante.
Le cambiaría su lado de la cama
que no suena
las sábanas blancas
y los ronquidos de su amante
por ese banco incómodo suyo
con vistas a los Claustros.

COMPRA EL AGUA EN LA ESQUINA

la comida no la calienta
aunque sea cocido madrileño.
Evita cualquier contacto
con los dioses del treinta cuatro piso
ni hablar del treinta y cinco
con elevador privado.
Desde el treinta y tres
rodeado de arpías
y dos hombres casados
pone en práctica
su rutina de seductor.
Cuando los tenga dorados
tipo filete de mero al sartén
clavará el tenedor
que esconde
en el pie enfermo
y los observará desangrar.

LA HORA DIFÍCIL HA DEJADO DE SER

la madrugada
y el constante conversar
de espíritus.
Ha sido relevada por
la agonía de la hora
del almuerzo entre semana.
De doce a una inventa
quehaceres con su soledad.
Sin apetito camina las calles
en busca de un lugar idóneo
para esconderse
aunque la comida sea pésima
y eleve su azúcar
a niveles exorbitantes.
Ha ido refugiándose
en lo habitual:
un McDonald's
en una estrecha mesa
entre dos argentinas
quejándose de la ensalada
y una mujer que mientras masticaba
las venenosas papas fritas
contaba por teléfono:
"tengo Lupus".
Buscó otro sitio
intentó sentarse en los bancos
de una iglesia
pero un cartel anunciaba
su cierre por falta

de presupuesto.
Se ha convertido en obsesión
sentirse adecuado
masticar las veces necesarias
y regresar a su prisión
diseñada por su antojo
de Corporate America.
No ha vuelto al Dunkin' Donuts
y sus mesas sucias
con residuos de otros solitarios.
Tampoco ha querido regresar
al negocio de la esquina
porque sabe que el *lox*
sería una tentación
pero no respira entre tanto
joven con zapato puntiagudo.
Quizá su destino
se encuentre en la oscuridad
del *pub* irlandés
su menú diario de cinco dólares
y la sombra que lo acompaña
en su mesa designada
para un comensal.

LA SEÑORA VECINA

de cierta edad
que no dudan sea respetable
aunque le han visto
sus tesoros
desbordándose
de ajustadores rosas
y azabaches
en más de una ocasión.
Adicta empedernida
a la ventana
ha demostrado sus dotes
de artista performática.
Desde su tribuna:
recoge una vasija oxidada
se levanta el vestido
de un lado
orina
con ojos cerrados
mientras el *Idilio* de Willy
le sirve de banda sonora
y ellos se han convertido
en público sin aplausos.

TODOS QUIEREN SABER CÓMO LES VA

están repletos de preguntas:
sí están contentos
sí tienen trabajos dignos.
Él… carente de pasión
merodeando miradas
que nunca se bajan
en su misma estación.
Ni tan siquiera se devuelve
a observarlos
se alejan con sus muecas fingidas
barcas de placer instantáneo.
Estaría dispuesto
a recibir un suministro de caricias
en un gotero
de la mano de cualquiera.

LA PRIMERA Y ÚNICA REAL GANADORA DEL PREMIO

espera en la esquina de la Nagle
con diminuta libreta
y un lápiz que heredó
de un pariente lejano
biógrafo de la Madre Cabrini.
Camina con un recién llegado
por estas calles sucias
que ahora deben cuidar
y embellecer con la palabra.
Sus personajes habitan
en la selva amazónica
y en otras de cemento.
Pueden ser la monja sorda
un teatrista magistral
que se despidió antes de tiempo
una china cubana
o un hombre que cocina el *couscous*
a la perfección.
Aparece en el verdor del parque
con un rubí
engalanando su dedo
que apunta hacia el rojo similar
del cardenal que revoletea sobre
sus cabezas de poetas
de emigrantes desplazados
hijos de revoluciones fallidas.
Bosteza en el tren
sueña con un libro de lobos
y una voz que va leyéndolo

en el vagón de regreso
porque han ido y vuelto
en más de una ocasión.
¡Ay Santa Tecla protégela!
Protégelos del Caribe
y su calor.

HAN HABLADO LOS ESPÍRITUS

alertan sobre la salud
del poeta que viaja con orejeras
y escala la loma de la calle Bennett
intentando conectarse
con la poeta judía
que se lanzó al vacío.
No logra hacer la conexión
se le traba la lengua
en el zipper de los pantalones
de los machos caribeños
de los ortodoxos judíos
y de los americanos
-blancos o negros-
No discrimina edad
ni apariencia.
Todos pueden ofrecer
el minuto de placer necesario.
La peor enfermedad:
es no sentirse deseado.

SEÑOR DESAMPARADO

envidio su coraje
el garrafón de agua
que protege su cabeza
y la manta azul cielo
que lo cubre de las miradas
de envidiosos
que cuestionan su libertad.
Recuerdo los vellos que se asoman
de su pantalón gris
con más de cien días sin lavar
y sus botas negras de *rockero*.
Señor excúseme
¿le importaría
si me siento a su lado
en silencio
a ver el invierno pasar?

EN LA MAÑANA
en el vagón sin respiro
una mujer les ofreció un discurso
quería salvarlos del diablo
del billonario
y su pelo color maíz seco.
Seco como su cerebro.
De los Gays
y sus bodas ostentosas.
De la blanquitud del presidente negro
y de la poderosa primera dama.
La diminuta mujer con vozarrón
quería salvarlos
hoy viernes
a las siete de la mañana.
En la tarde
no tuvo la misma suerte
un señor cincuentón
también ofreció discurso
él no tenía
la intención de salvarlos.
Vociferó por todo el tren:
odio mis 51 años
odio mi color
odio los celulares
y odio este tren.

NO FUMA

No se inyecta
No consume tomate.
El sexo oral ha sido limitado
a un cliente permanente.
No se disfraza para leer poemas
detesta las corbatas
le recuerdan a políticos
con sus falsas promesas
y las pajaritas multicolores
se ven mejor en el cuello de otros.
Evade las portañuelas
de extraños
que danzan al alcance
de su vista.
Los evita cada mañana
enfrascado en lecturas
sudando excesos
hasta la parada treinta y cuatro.
No cita a Lezama ni a Eliseo
ya demasiados otros lo hacen.
Ha tomado el camino más difícil.

TODOS LOS DÍAS SE ALZAN ALTARES POR EL BARRIO

velas blancas
coronas de flores
dulces para la difunta.
Un gran cartel con su foto de quince
con la sonrisa que había desaparecido.
Nadie habla
de las palizas recibidas en la madrugada
de sus gritos
del ruido almacenado.
Sacan sus muebles a la acera.
Para hacerle culto a la muerta
se emborrachan.
Tantos altares en las calles
y nadie se detiene a salvar
un perro.

LA DUEÑA DE LAS VENTANAS

es experta en miradas
habla con pájaros sobre ellos
es portadora de secretos.
Encuentra migajas de pan
entre las sábanas
recuerda cada palabra que hablan
los inunda con sus quejas
cuando están solos.
Sabe de canciones y poemas
y prefiere galletas de soda
a las dulces.
En la madrugada los protege
de los gritos del vecino
de la bachata que no reposa.
Es dueña de todas las ventanas
de las sillas azules
infectadas con crin de caballo
del sofá rojo y sus cojines de Frida
del Niño de Praga en sedas
regalo de una poeta
de Lizarda
que llegó arropada
en libros de una *Hermana*.
Despierta todos los días a la misma hora.
Edifica una vereda entre los dos
anunciando el nuevo amanecer.
Es dueña de su soledad
acentuada en invierno
por el frío temible
sin calefacción.

UN AÑO DESPROVISTO

de palabras.
Temor
a mirarse a los ojos.
Absoluto el blanco
de las paredes
y la nieve.
Comienzo rocoso
pisos de madera sin pulir
el hedor que dejaron atrás
cuatro perros abusados
impregnado
en las paredes del clóset.
Asistir a lecturas
tropezar con conocidos
que ellos creían amigos
y recibir un virón de cara.
Ir y venir
fotografiando
desconocidos
árboles en esplendor
y ardillas que se detienen
a su paso
guiñándoles el ojo
adivinando
sus secretos.

Lo peor de esos días
en Ellwood
ha sido comparar

el desbalance entre los dos.
Él queriendo tomar
té de Oolong
para olvidar de dónde viene
y su cómplice
necesitando regresar.

RECONOCE LA VEJEZ EN SUS PIERNAS

la delgadez es similar
a las de su padre.
Busca y no puede encontrar
los muslos rollizos
de una vida entera.
En el baño se mira al espejo
alza los brazos velludos
banderas en júbilo
dando la bienvenida
al valiente que se atreva.
Despeinado
claros en un campo reseco
pinceladas de un blanco
impaciente.
Talle abajo
dos carreteras zigzagueantes
o la rotonda del Guggenheim
reclamando espacios.
En la maleza del bosque
cobijado por los bambúes
yace Shusaku Endo
herido cada siete días
desechado
cubierto de otro blanco
que no es la frescura de la nieve.
Hablar del tic-tac interior
sería desgastar el respiro
que lento se extingue.
¿A quién podrá interesarle tocar a un hombre en ruina?

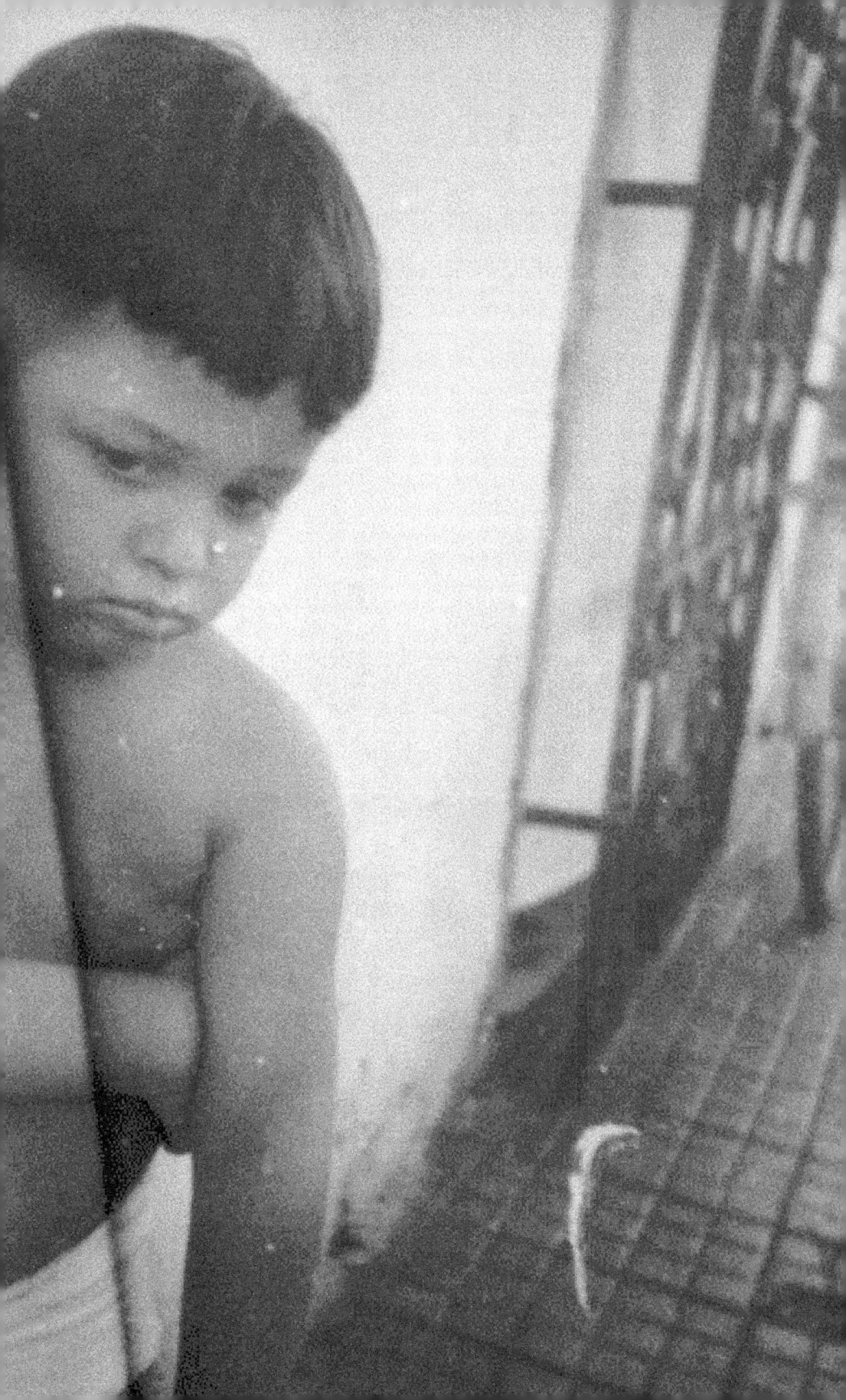

Un juego que nadie ve
(Editorial Deslinde, 2019)

El niño está solo y juega
un juego que nadie ve.

MARIANO BRULL

LA NAVE

Ha olvidado por completo el nombre de la nave.
Los agrupaban por el nombre del barco
y si lo olvidaban
podían quedarse para siempre en un limbo.
Cada vez que oían un nombre y no era el de ellos,
exaltados y nerviosos
permanecían en silencio.
Buscaban cómplices en caras desconocidas que nunca
        aparecían.

Al cabo de horas
llegaron una señora y su hijo.
Se abrazaron
como si hubieran encontrado a parientes perdidos.

Transcurrieron los días y nunca embarcaron en dicha nave
que subyugada por la furia de un molesto mar
se hundió.

LA TRAVESÍA

Despertó con un ruido enorme en los oídos.
Una banda sonora que no logra olvidar.
Ladridos de perros guardianes antes de morder.
Zumbido de voces,
gritos de hombres que perdían pedazos de rodillas,
olas de mar embravecido,
altoparlantes
que no terminaban de anunciar lo que todos esperaban.

Un desconocido lanzó sus nombres al aire y corrieron
    desesperados.
Embarcaron en el arca prometida,
un camaronero destartalado que los llevaría a la libertad.
El padre arrebató las cajitas de comida de sus manos,
una bola pegajosa de arroz blanco con yogurt de postre.
Con ira las lanzó al medio del mar
mientras gritaba:
"Así nos quieren ver, peleándonos por la comida".

Fueron trece horas vomitando al unísono,
con el vaivén de las olas
se mezclaban el vómito y el orine.
Al llegar a la otra orilla
unos hombres que vestían verde olivo —pero no del que
    conocían—
prometían darles chícharos.

Chícharos para todos.

Cayó al piso mareado
y al recobrar el sentido olvidó todo lo pasado...hasta hoy.

LOS PRIMEROS AÑOS

Cierra los ojos recordando
los diez primeros años.
Películas inconclusas.
Sabores y olores:
el café de por la tarde,
galletas con mantequilla,
dulce leche que se enfría en la hoja de plátano,
los panes de gloria que traía el Curro
y las chicharritas con pedacitos de bistec encima.

La compañía de canciones era inevitable,
oía sin parar a:
Cuando ya no me quieras, no me finjas cariño…
By the Rivers of Babylon…
Si no vamos del beso a la alcoba, del beso a la vida…

Encontró en los libros mundos a descubrir,
el abrigo que le faltaba a sus inviernos:
La Edad de Oro…Platero y Yo y El principito.

Repasa esos días.
Debe volver a la raíz.

EL NACIMIENTO

Tragaba con gusto el elíxir
de la diosa negra.
Relamía cada gota melosa
y buscaba a la madre
que lo observaba del otro lado del cristal.
Antes de llegar a casa
viviría sus primeros días
encarcelado en un hospital
disfrutando de una mamá prestada,
todo por haberse comido la placenta
en su primer ataque de impaciencia.

JESUCRISTO POR PRIMERA VEZ

Jesucristo estaba por primera vez delante de sus ojos.
Vestía trapos sucios amarillentos
y gotas de sangre incrustada en su frente.
Observaba a todos sin expresión alguna.
A veces intentaba alzar la vista
para descifrar
¿Quiénes? ¿Cuántos?
estaban en el público.
Desde los bancos mutilados por tanto rezo
un grupo de curiosos y otros,
niños como él,
esperaban el clímax,
la hora anunciada,
ver cómo aniquilaban al hombre
que decía ser Jesucristo.

La pequeña iglesia con lujo inusual
vestía de cal
algo ya descascarillado,
olorosa a flor de campana.
Las señoras con mantillas negras
elegantes en una época
susurraban entre sí.
Se oía el mismo comentario en toda la multitud:
"Cómo se parece a Cristo".
El niño no entendía.

Este hombre que los miraba
sufriendo heridas
¿Era o no Jesucristo?
Al final de aquel letargo se oyeron los aplausos,
gritos de ¡bravo!
Confundido
se escondió detrás de la falda plisada
de su abuela.
Inquieto y sin respuestas daba saltos,
evitaba los deseos de orinar por el nerviosismo.
Si este era Jesucristo… ¿por qué se parecía tanto a su primo
Chichi?

GUANTES DE BOXEO

Su papá trabaja en trenes que viajan por toda la isla.
Cada cierto tiempo viene
a veces temprano,
otras en la madrugada.
No pueden hacer ruido mientras duerme,
no se le puede despertar
y casi nunca juega con ellos.
Solo una vez le trajo un juguete:
unos guantes de boxeo
para usarlos en contra de su único amigo.
Debía demostrarle su hombría,
pegarle duro en la cara,
convertirse en un Teófilo Stevenson.
Se negó a ponérselos.
El padre obligó al amigo a pegarle
y él sintió la necesidad
de probar que era un hombre
aun cuando los dos sabían que más tarde
se besarían debajo de la cama de hierro
y sus abrazos darían abrigo a los golpes recibidos.
Su papá quiere tener un hijo
igual a los de sus amigos,
pero él solo puede ofrecerle
este que vino defectuoso.

LA JUEZA Y SUS FLORES

La jueza camina cabizbaja,
evita mirar a los vecinos
y solo en el tribunal
levanta la vista
recuperando autoridad.
Al llegar a casa
cierra puertas y ventanas.
Prohíbe la luz del día
y en las noches evita luceros
que tratan de escurrirse
entre los barrotes de las ventanas.

Todos quieren saber la historia,
el porqué de los gritos
y a dónde fue a dar el perro.
El esposo también camina como fantasma
pero lleva la mirada alta,
parece que todavía le queda dignidad
¿o se habrá resignado?

Dicen los vecinos
que la jueza recibe palizas en la madrugada,
pero no se sabe de quién.
El hijo se viste de Margarita
y sale a desafiar
haciendo guardia en las esquinas.

A la jueza, que no cree en santos y dioses,
se le ha oído pedir un milagro.
Quiere a toda costa una llamarada
o una explosión.
¡Que se quemen todas las flores!

SUEÑOS COMPARTIDOS

Corrió a dormir una siesta con el abuelo,
experimentó el ruido de sus ronquidos
y el calor que emanaba de su cuerpo.
Recuerda los soplos del mosquitero
cuando el ventilador oxidado
mandaba sorbos de aire caliente
que parecían oleajes en tiempo de tormenta.

Al otro día escogió al tío
porque su cama era amplia y airosa,
aunque el cuarto era oscuro.
Era demasiado delgado
y su cuerpo no transmitía calidez.
Se aburrió de su compañía
y le dio la espalda.

Necesitaba un tercero para su experimento,
pero no se le ocurría nadie.
Recordó al tío Armando,
el más bueno,
el que le llevaba mermelada de guayaba
en un vasito azul a la escuela.
No lo pensó dos veces.
Aterrizó en su cama como avión extraviado,
sintió la sombra de sus vellos,
ceiba frondosa dándole abrigo.

Se quedó dormido y despertó ya tarde,
solo y nadando en sudor.
Miró a su alrededor y todo estaba desierto.

Y con esa soledad navegó por años
buscando un compañero de cama
que no lo abandonara en medio de los sueños.

NIÑOS PERFECTOS

Parecen muñecos de porcelana,
o peor,
maniquíes desechados.
Cada tarde los bañan,
talco y colonia rusa,
y vestidos de gala los sientan en el portal.
Sufren,
quieren ser como los demás,
embarrarse con fango,
correr por toda la cuadra,
caerse de la bicicleta
y tener rodillas dibujadas por heridas.
Son perfectos:
no piden ni agua en casa ajena,
si le dan ganas de orinar
aguantan
hasta la hora que sea.
Los llevan a la iglesia
y jamás dicen que no a nada.

En secreto le encantan los bembés,
cantos en lenguas africanas que no entienden,
mientras
del otro lado de la cerca
escondidos mueven la cintura
y los hombros como lo hace Amada.

Adoran a los Ibeyis
y varias veces han tratado de robarlos,
pero siempre los pescan.

Tienen que seguir pretendiendo
que son niños buenos
no vaya a ser que les pase
como a la rubiecita que vive en la cuartería,
que la expulsaron de la escuela
porque la encontraron sin ropa en el baño
con otra niña.

QUIERE SER PERVERSO

No quiere sentir la responsabilidad de ser el mejor,
el bueno,
el más estudioso,
el que no comete errores.
Suficiente del niño perfecto.

Quiere robarse el arroz con leche de la mesa,
mientras dicen los rezos en casa de la Tía Tata.
Dejar que lo toque el cura,
cualquiera de ellos.

¿QUÉ ES UNA MANZANA?

Solo las conocía por nombre.
Quizás las vio en algún libro
o la abuela le habló de ellas,
eso …
recuerdos de un pasado que no era el suyo.

Al tener una en su mano
acariciándola,
latiendo bajo su yugo
le tomó cierto respeto.
Aquella noche de junio habitaban por montones
apretadas unas contra otras
en barriles de hierro,
frías,
casi congeladas
de un lado de la cola.
Las manzanas, frutas prohibidas para Adán y Eva
también lo fueron para nosotros

¿Acaso vivíamos en el paraíso?
¿Lo habremos perdido también por causa de una manzana?

SU PRIMERA COCA-COLA

Parado en aquella cola
a la espera de una eternidad de cosas nuevas
parecía un cocuyo observándolo todo.
Familiares, amigos, desconocidos
los miraban del otro lado de la cerca de púas
como si fueran bichos raros,
microbios listos para algún experimento.

De lado a lado barriles repletos hasta el tope
con Coca-Colas.
Él moría por probarlas.
Sin pensarlo tomó una en sus manos,
acarició la lata,
jamás había tenido una tan cerca.
No la podía abrir
hasta que una mano extraña se la destapó.
Tragó un buche
y sintió cómo aquella mezcla rara
navegaba por su interior
hasta caer de golpe en su estómago
que estaba tan débil
y tan vacío.
No se la pudo tomar entera.
Alzada como un fusil
la mantuvo en alto,
mostrándola al mundo
a todos… a los de allá.

EL RESCATE

Si pudiera rescatar al niño,
lanzarle un salvavidas,
lograr que fuera diferente,
por lo menos que doliera menos.
Si con un abrir y cerrar de ojos
como si tuviera una barita de esas que suelen ser mágicas
y borrara por completo el disco duro,
quizás el niño rebelde
que siempre ha sido y será
no me deje cambiarlo,
pero lo intentaría.
Tomado de la mano,
lo llevaría por un camino menos rocoso
sin tantas espinas.
De un tajo cortaría enredaderas.
Le diría al oído que su única salvación
puede encontrarla en la palabra.
No pasaría tantos años
en búsquedas inconclusas.
Si pudiera haberlo rescatado
no sé si el niño me lo hubiera perdonado.

El abismo en los dedos
(Eriginal Books, 2020)

Finalista, Premio Paralelo Cero de Poesía, Ecuador, 2017

Toma mi mano
Acaríciala con cuidado
Está recién cortada

RAÚL GÓMEZ JATTIN

VOLVÍ A LEER SUS VERSOS MEMORABLES
premiados por origenistas
jueces de manos tiznadas.
Fui en busca de una pista
indagué en las profundidades de sus libros
me sumergí
dejé que el sargazo de pueblo polvoriento
me asfixiara.
Disequé la lombriz
me disequé a mí mismo
introduje el bisturí
sin temblarme la mano.

Debo pretender que todo ha sido una pesadilla
el resultado del Zoloft
mezclado con el vino.
Me he convertido en minero
excavador en busca de evidencias.
Recolecté las historias que iban llegando de:
Isla de Pinos
Shenandoah
Pinar del Río
devoradas por el comején de una isla.

El altar ha colapsado.
Su grandeza ante mis ojos.

LO PEOR DE VER A UN HOMBRE SIN MÁSCARA

no es su verdad.
La verdad es circunstancial
se manipula
se le puede aplicar una pátina
ese verde gris
de las ánforas griegas
la nostalgia de un objeto hallado a la entrada
del cementerio
o una canción de un trovador oportunista
huracán no atormentes mi sol/ suficientes celajes oscuros
soporta el amor.
Escuchar planes de guerra
falsedades para reubicarse
puede causarle a uno
mínimo...
un huracán interior.
Ves desfilar los episodios combatientes
desoladoras imágenes recibidas con el cuerpo desnudo
con el fusil erecto
vistiendo cierto antifaz
intentando hacerte sucumbir
ante un nuevo plan despiadado.
Lo peor de ver a un hombre sin máscara
es no poder recuperar ni un solo verso
única posesión suya
de valentía
herramienta efectiva para la seducción.

VUELVE EL SABLAZO DE LA MADRUGADA

se oye el silbido de un pájaro
que no lo es
más bien un hombre herido
vacunado con lo que ha podido pagar.

Nunca aprendí a silbar.
He cambiado caricias
por paseos
por un ostensorio
que ahora brilla en espera
de ser comprado
por otro falso religioso.

Se confunden mis pesadillas
con la música del drogadicto.
Él busca un respiro
debajo de las escaleras
y yo me mantengo
escondido
detrás de las persianas
espiándolo.

No he superado las madrugadas.
No he logrado tomar café en la mañana
con otro que lo quiera hacer conmigo.
No miro a este hombre repulsivo a los ojos
por temor a parecérmele.

SUPO LO QUE ES INTENTAR EL SUICIDIO

demasiado temprano
con sabor navideño
mezclado con *champagne*
y cientos de pastillitas multicolores.
El piso frío lo arropó
mientras su cuerpo imperfecto
yacía exhibiéndose en vidriera.

Al regreso de ese viaje en tren
solo recuerda un bulto
un amasijo de carne y colchas
que no fue capaz de tocar.
Sintió que habitaba en su interior
un gran tanque de basura.

Veintiún años después
anduvo desesperadamente
por la orilla del Hudson
explorando
en busca del sitio idílico
en busca de un final.

DESPRENDERSE

pisar el abismo.
Sí pisarlo.
Tocar su pared con la yema de los dedos.
Es rocosa
áspera
color berenjena.
Te hacen un recibimiento de alfombra roja
esperan paciente
a la primera arcada.
Han ido aplicándote el veneno
microscópicamente
gotas agridulces
para que no te enteres del plan.
Eres un adicto
y este es tu proceso de desintoxicación.
O lo rebasas
o te quedas en la ceremonia de premios
que han inventado
los de capuchas marrón
los de sonrisas ahuecadas.
Esos que te persiguen
desde la niñez.

LE HAN PREGUNTADO SI ESCRIBE POEMAS DE AMOR.
Permaneció en silencio lo que pudo.
Todos han sido destinados al querer
a la falta de pasión
a la escasez de una mano detenida
sobre su pecho.
Recuerda un poema tardío
desde Ellwood.
Ese que lo despertó
del letargo
del ostracismo de caricias
para luego saborear
la carnada
amago de caramelo al infante.
Brisa otoñal
advirtiendo
del aislamiento
invernal.

ACEITE DE OLIVA Y AZÚCAR BLANCA

restriéguense los pies
el uno con el otro.
Píntale los labios
con el *rouge* encontrado
en la acera
al lado del charco de orine.
Abandono de perros
y sus dueños
enfrascados con el celular.
¿Te gustan las mujeres o los hombres?
Hazme una lista de tus pasadas relaciones
y el porqué de los fracasos.
Es tiempo de andar en diferentes rumbos.
Extiende los dedos de los pies.
No te avergüences
asómalos como sombrilla de playa.
Deja ver los ramilletes de la diabetes.
Inserta el dedo gordo en un tomate verde
pisa la lechuga fresca.
Que se lleve el fuego que almacenas
en ese cascarón
a punto de colapsar.
No aceptes ser tertuliano de nadie
al menos que te paguen
y puede ser con especias.
Comino para la carne que pudre tu interior
pimienta negra para el salmón
ajo para espantar espíritus
ajo molido para cualquier ocasión.

Y escribe.
Escribe sobre lo que el muerto manda.
Siete páginas y un tema.
El resto terminará en la basura de Altragracia
envuelto en las cáscaras de plátano verde
machucado por el japonés
y las tetas danzantes de Herminia
o era Heliotropo.
No espera.
Esta receta me la pasó mi abuela irlandesa
y la hemos aplicado a cuanto tonto
ha pasado por esta sala.
¡Ah los cubanos siempre necesitando algo!
¡Ah los caribeños practicantes!
¡Ah poetas que endulzan a brujas
para luego hacerlas sancocho en cualquier esquina!
¿O es a la inversa?

Apártate.
No has comprendido nada.
Esto ha sido una muestra de total confianza.

LA SOGA ESTÁ ENCIMA DE LA CAMA

reposa
esperando que la tomen
que se llenen de valentía
y la dobleguen a su cuello
mordido
por el joven de Arizona
con olor a miel
y azufre.
Ha vestido la habitación
con baratijas
lucen esplendorosas
antes los ojos inocentes.
Se muestra sin tapujos
no apaga la luz
¡esto es lo que hay!
o lo gozas
o te marchas.
El joven de Arizona
prometía
escudriñaba cada rincón de su cuerpo
usaba la lengua como brújula
transitaba por la espalda con destreza.
Conquistador de aridez
lobo de desierto.
El idilio duró dos semanas y una noche de embriaguez.

En esta habitación solo quedan el muerto y la soga
esperando por alguien que salve a la gata.

VEO ESCULTURAS DE TODO TIPO

pecadores y mártires
dependiendo de la historia de cada cual.
Personas posan al lado de tiranos
le llaman héroes.
Amigos rezan a Buda
mi madre a la Virgen
yo he dejado de hacerlo.
Poetas alaban a un hombre
encargado de dar luz verde a matar.
Eso le ha ganado un homenaje eterno
al estilo de Hollywood.
Todavía los abrazo.
Algunos sacrifican animales:
una paloma blanca para Obatalá
un gallo para Elegguá.
Las esculturas no me ofenden
son desechos fallidos de un pasado.
Un pasado sangriento.
Pero si tengo una lista de acciones que me afligen.
Un inventario típico con el comportamiento de seres huma-
nos
creadores de tsunamis
y destructores de países enteros.
El hombre en la esquina llamándome "pato"
es real.
La plaga del Castrismo que nunca acaba.
Eso también es real.
No me ofende

cuando alguien escoge helado de fresa
habiendo el chocolate de siempre.
Prefiero un trozo de bronce muerto
en vez de los alaridos constantes
de ambos lados de la controversia.
La conveniente oportunidad para una foto
odiosas consignas de "destituir" o "viva".
Me disgustan
siendo igual la raíz de su origen.
Pero lo peor de aceptar
es la bofetada constante.
Lo que anduviste.
Lo que serás.

NO SIGAS OYENDO LA MISMA CANCIÓN DE TOM WAITS

Este es tu verdadero exilio
no el que se han empecinado en crearte.
Aquí es donde has medido fuerzas
vives contando el kilo
apilando las cuentas que llegan por correos.
Un mes pagas la corriente
y otro te compras la mantequilla francesa.
Lo que no puede faltar es la comida de la gata
el café
y algún pan o galletas.
Se llevaron los cuchillos
la batidora color fuego
el abridor eléctrico
y esa pieza que no sabes cómo llamarle
para servir el helado.
No puedes darte el lujo de comprar helado.
Mejor así
ya bastante dulce eres
apabullante
y la alimentación ahora viene a través de los libros.
Has ido desprendiéndote de recuerdos
va quedando menos.
Has sacado un montón de imágenes
y ahora cuelgan en la pared que estaba desierta
en la habitación que nunca compartiste.
Se puede lidiar con la soledad de uno
pero esa que es añadida
es insufrible
mustia
con olor a animal muerto.

Esta ciudad no te conoce
y tu vecindario no es apropiado para
ciertos comensales que donan a partidos políticos
dándose golpecitos en la frente de solidarios
pero no quieren juntarse con los más necesitados.

¡Ah este exilio neoyorquino casi a los cincuenta!
Divorciado
padre soltero de una gata.
Bajas una aplicación para conocer hombres
y te das cuenta de que tu momento ha pasado
le respondes al primero que se atreve a saludarte.
Un dominicano que ve televisión como pasatiempo.
El americano que quiere penetrarte sin protección.
Un joven mexicoamericano que vive en tu misma calle.
¡Y saltas de emoción!
Has dado con alguien a solo unos pasos
y no es cubano
y es joven
y te besa como hacía años nadie te besaba
y explora tu cuerpo imperfecto
con desenfreno
y te devora
su saliva se confunde con la tuya
es dulce
pero no empalaga
se mezclan de un modo inusual.
Es un hombre roto al igual que tú.
Pero ahora te es imposible cuidarlo.
es tiempo de que te cuiden a ti
que te lleven de la mano.

Estás frágil como la porcelana alemana
aunque aparentes ser un roble
en las fotos que cuelgas en la red.
Ejercicio que repites para intentar
gustar un poco.
Estás anclado dentro de ese apartamento
y sientes que de ahí no saldrás con vida.

EL RUIDO DIARIO DEL BASURERO

te seduce.
Esa sinfonía matutina
sin tener idea de su rostro.
Oyes su melodía
la voz ronca sin distinguir las palabras.
Te sientes tentado a levantarte de la cama
y mirar a través de la ventana
para conocerlo.
En estos tiempos de búsqueda
cualquiera puede ser el hombre de tus sueños.
Nunca te levantas de ese altar
que has convertido en cama.
Nunca lo miras.
No sabes su nombre.
Si lo tuvieras enfrente tampoco lo reconocerías
al menos que cantara
al menos que pronunciara las palabras incongruentes
que pronuncia cada amanecer.

SOBREVIVIERON LOS GARBANZOS QUE IBAN DESTINADOS PARA EL JOVEN

esta vez no fueron víctimas de un incendio.
Quedaron doraditos con toques de verde perejil
y aceitunas palestinas
compradas en New Jersey
un día de compras con la poeta armenia.
Los comió acompañado del Malbec
y la Fitzgerald de fondo.
Esperó por el joven lo que pudo.

No llegó a probarlos.
Se echaron a la cama
y esta vez ninguno de los dos logró
complacerse
ni complacer al otro.

DOS HOMBRES TENDIDOS SOBRE UNA CAMA

exhaustos
cadáveres sometidos al deseo.
Palomas picotean contra el vidrio
alebrestan a la gata
embarran la escalera de incendio
con sus desechos.
Dos hombres que no saben si volverán
a despertar entrelazados.

Uno ha dado con un padre
al otro lo han vuelto a besar
después de una impuesta cuarentena.

TE SUMERGES EN SU PROFUNDIDAD

gladiador con la punta de la lengua
amaestrador de fieras
insurgente para las caricias.
Disfrutas sin tocarte
observando su rostro
atento a sus quejidos
y gritos
llamando a un dios desconocido
para ti.

Regresas al ruedo
no quieres herir al toro
no le quieres clavar la banderilla.
Sin darte cuenta lo haces
magistralmente.
Fluyen ríos de sus ojos pardos
se inunda su tristeza
al oír tus palabras
al sentir la frialdad introduciéndose en su piel.

Dos harapientos
ambos rotos por diferentes toreros
en plazas muy disímiles.
Cómplices
de una misma calle
de un penúltimo intento.
No volver a caer en manos
de otro matador.

KORÉ TRAJO MAÍZ

cebolla morada para los malestares
Prosecco
y un libro para aprender a cocinarle
a los santos.

Le advertí que en esta casa ya no quedaban
santos.
Bueno algunos si quedan:
Santa Elena
San Lizardo de la Calle Marina
Santa Elida de la Sirimba.

Koré vino con burka
no quiere que la reconozcan
en el inframundo
y la vuelvan a confundir con Melania
aunque ella no usa tacos altos.

Le expliqué que era mejor un velo de Versace.
¡Pero ese murió hace rato!
Y no voy a ver a Francisco
me dijo en su lenguaje inventado.

Koré vino con el río en sus manos
y tortugas comunistas.
Tres de ellas
en una bolsa Louis Vuitton
de Chinatown.

Le he tenido que traducir el cuaderno de viaje a Persia
de Annemarie Schwarzenbach
para ver si da con la luz.
Intento no tener que explicárselo a lo cubano.
Su cabeza tiene precio.
El plan es dar con el botín
empacarla mejor que la gelatina
y zafarse de ella.

Koré ha perdido su visión.
Sus espíritus llevan años secuestrados
por un charlatán
que come con las manos
y apesta a saliva.

ES DOMINGO Y UNO DEBE BARRER LOS PISOS DE MADERA
lustrarlos
aunque es imposible de borrar la evidencia.
Aquí han vivido asesinos.
Dentro de estas cuatro paredes
salpicadas por la angustia
han masacrado sueños.
Es evidente del derrumbe que ha existido.
Apuntalados han permanecido.
Esta casa es una carnicería de barrio
las moscas se amontonan
sobre los muslos rollizos
sobre los pies deformes
entre las grietas que ha ido creando
la decepción.

NO TUVO PASADO.
No ha tenido historia.
No trajo consigo un recuerdo.
No viajó como lo hacen ahora… con equipaje.
No logró sacar ningún tipo de *memorabilia*
para luego venderla en Ebay.

En el camaronero no cabían las maletas.
La furia del océano no permitía traer ni un verso.
La ropa fue tirada a la basura al desembarcar
sus manchas de orina y vómito tampoco sobrevivieron
a la tía pulcra y su lejía.

Hay una fosa común en su interior.
Los barbudos le robaron sus primeros diez años.
El Norte se ha encargado de la tortura restante.

¿Qué se hace con lo que ahora somos?

Los otros

Estoy tan solo como la muerte
Haberlo comprendido me ha hecho poderoso

JOSÉ MARIO

CRÓNICAS DE LA MEMORIA

El blanco y el negro predominaban
la calle era larga como mi memoria.

Esa noche nos fuimos tarde
lento
hasta el cansancio.
Nos prometieron el paraíso
un resort con miles de estrellas
y la libertad.

Días de agonía colectiva
olor a sal
sudores rancios.
Mi madre cumplía la edad de Cristo
sin una vela para soplar.

El hambre y la sed protagonistas
gritos
alaridos constantes
miedo a flor de piel
y la alfombra roja que no aparecía.

(Publicado en el catálogo de la exposición "Farewell to the Sea" con motivo del 30 aniversario del Mariel que se llevó a cabo en Zu Galería, en junio del 2010)

TODAS SON NOCHES DE AUSENCIAS

Debí vestirme de luto
forrarme de crepúsculos
dominar al silencio que abunda
y no permitirle traiciones a mis ojos.
Las estrellas no resplandecen como en la isla.
Aquí todos corren a sus guaridas
ratones fugitivos en busca del queso
antes de que el último rayo de sol se esconda.
Cuando camino para aliviar lo almacenado
miro a través de ventanas tapiadas
barrotes oscuros hacen su labor de centinelas
y una distante luz que alumbra
cabizbaja
noche tras noche de ausencias
testigo de familias que han dejado de abrazarse.
No comparten mesa
ni sueños a la hora de la cena.
Cada cual toma diferentes rumbos
dueños absolutos de su plato desechable.

(Publicado en la antología, *La luna en verso*, El Torno Gráfico Ediciones, 2013)

AURORA MARÍA EMMA

habitan en el cuerpo diminuto
de una mujer que camina
por calles ajenas.
Grita a los borrachos
evitando que rieguen sus geranios
con el agrio orine
de cervezas caribeñas.
Los vecinos le temen
a su mirada aplastante
a su punzante contesta
a los portazos que mutilan la yema.

En las noches se invierten los roles:
un gigante la sacude en el balcón
se convierte en su muñeca de trapo.
Agita manos en el aire
alas de mariposa evitando
el jamo del captor.
Latas de sardina vuelan
por encima de los muebles
proyectiles que evita
mas terminan cortándole
una lasca de su carne
hace tiempo amoratada.
No puede retener
la avalancha
diario de escrituras nocturnas
despedazado en la cara.

Entierra sus manos en las macetas
hurga en la tierra pantanosa
busca una puerta de salida
pero sabe que el abusador
se ha convertido
en su único cómplice
y ella está convencida
que merece los golpes.

(Publicado en la antología, *No resignación. Poetas del mundo por la no violencia contra la mujer.* Ayuntamiento de Salamanca, 2016)

I

Me voy a tapiar los ojos con marabú
sangrar hasta que queden huecos
libres de tanta falsedad crujiente.

II

Estoy ahí
oculto entre las ofrendas
exhausto
de tanto desecho de palabras.

III

Perdí un amigo el día que eché a volar un papalote
vestido de papel de china
y repleto de versos.
Desde entonces cada nacimiento
produce despedidas.

REAL

Esta tarde
todos pasan a echar de menos algo
a consultar mis manos
y en mi reja dejar cosas ajenas.
ELENA TAMARGO

Real es la soledad
tu desaparición
agridulce bofetada.
Real son estos tres años
evidente olvido
en la pupila de las fieras
los que quisieron morderte
para dar testimonio
del legítimo sabor de tus manos.

DESPIERTA UN DOMINGO MÁS ALEGRE QUE DE COSTUMBRE
busca himnos para celebrar a Obatalá.
Entra al solar virtual
y le dan el primer golde del día.
Ha muerto la más elegante
la hermana de la pintora preferida
delicada voz que suplicaba
¨amorcito apúrate que ya son las diez¨.
Sustituye los espirituales negros por Chet Baker
el derrumbe es inevitable.
Han matado a más de cuarenta personas
en un club Gay de la capital
de Mickey Mouse
un acto terrorista… dicen.
Intentan borrar sus nombres
y procedencia
Forman parte de un gran arcoíris
tiznado de odio por un criminal
y la prensa que especula.
Víctimas de un país que suda guerra.

Es época de elecciones
el circo está montado
y los periódicos aplauden
la actuación magistral del momento:
¨los gemelos malvados¨ en la cuerda floja
cualquiera de los dos será lo mismo.
Deben repetir conformes:
"Vote for the lesser of two evils"

Quiere volver a su estado inicial
pero no puede seguir aparentando la ceguera
existe una furia devorando su interior.
Cada día quedan menos pinturas
para vender en eBay
y menos opciones para huir.

Mientras
un poeta quiere abandonar su madriguera imperfecta
por un yate pesquero
y la entrada de sesenta dólares a la Estatua de la Libertad.

(Publicado en *Muestrario de un vidente*, Proyecto Editorial La Chifurnia, 2016)

Manuel Adrián López

QUIZÁS, QUIZÁS, QUIZÁS

Quizás le esté haciendo rechazo a esta nueva identidad
que se ha apoderado de mi cuerpo vencido.
Quizás un porcentaje mínimo de mi ser no me deja
acoplarme a este nuevo yo. De ahí viene ese dolor de
cabeza, la inflamación del estómago, y los tantos gases
que parecen fuegos artificiales celebrando un día feriado
que todavía no logro entender cuál es. He dejado de
comer pepino porque noto que entonces la retreta de
gases se hace interminable. Siento que estoy cambiando
el color de la piel como lo hacen las lagartijas; por
ejemplo, hoy amanecí de un tono grisáceo, con hilos negros
que parecen venitas de hígado de pollo. Afuera hay
90 grados de temperatura, sin embargo, he revuelto
todas las gavetas buscando inútilmente una bufanda
roja para animarme con una nota de color. Me urge
algún disfraz para que no puedan ver todo lo que se
asoma. En este nuevo cuerpo siento un vacío que corre
desde el cerebro hasta los dedos de los pies. Me paso el
día entero buscando nuevas formas de llenar ese espacio
pero no lo logro. Mi madre y el guerrero son los
únicos que me dejan pequeños paquetes con remedios y
palabras para curarme un poco. Floto en una nube que a
ratos se convierte en un descapotable color cartucho
que manejo por una ancha carretera. A veces siento
unos ligeros chiflidos y al mirar veo un gigante ratón
blanco dando saltos en el asiento de atrás. Cuando le
pregunto quién es, se convierte en un hombre de piel

oscura y ojos profundos. Le hablo, pero me contesta en una lengua que no entiendo; quizás esta nueva identidad necesita un cambio de idioma; quizás deba aprender uno nuevo, más bien inventar alguno, que nadie conozca para que no lo puedan copiar. El guerrero me ha pronosticado estas cosas que me están pasando. Le debí haber hecho caso cuando una de esas noches, a la luz de una solitaria vela, me dijo todo lo que necesitaba saber para emprender caminos nuevos. Pero le hice rechazo a tanta información, a tanta precaución, y hoy sufro los resultados. Estoy habitando dentro de esta armadura que ha visto mejores tiempos. Entiendo todo lo que me advierten, pero en días como hoy, sabiendo todo lo que sé, ardo como los bosques californianos en llamas, y pido a gritos agua para calmar este fuego, y brazos de amigos que no traicionen al calmarme.

(Publicado en *Muestrario de un vidente*, Proyecto Editorial La Chifurnia, 2016)

> Aquél que con sus ojos ha visto la Belleza,
> deseará, ah, secarse como los manantiales.
>
> AUGUST GRAF VON PLATEN-HALLERMÜNDE

SE MUDÓ A LA CALLE ELLWOOD EN BUSCA DE LA MUERTE
como lo hizo von Platen en Siracusa
o Gustav en Venecia.
No intentó reemplazar versos
ni canciones
que algún día destinó para otro.
Supo que esa muerte
o renovación
llegaría de la mano de un joven poeta
una noche que regresaba a casa
aferrado al tubo tiznado de microbios
oyendo las conversaciones
de asientos vacíos
deseando un secuestro.
Veinticuatro horas de palabras
y vino.
Un hombre en ruina tiene como único plan
depositar sus huesos
en una ciudad que no conoce de su existencia.
Un hombre que huye de sí mismo
no imagina que aparecerá un desconocido
portador de una luz extraordinaria
combatiente de nubes
amo exclusivo de paisajes

y logre rozarle la espalda con esa ternura
y conteste con esa rapidez inusual
que le eres imprescindible.

(Publicado en *Fragmentos de un deceso*. Libro en conjunto con el poeta ecuatoriano David Sánchez Santillán, Colección Dos Alas, El Ángel Editor, 2017)

UNO DE LOS DOS TENDRÁ QUE BAJAR LA ESPADA
apearse del caballo
asimilar que la carrera ha llegado a su fin
y el hipódromo ha sido clausurado.
Alguno de los dos tendrá que ceder
flotar como lo hizo Ophelia
aunque sus cuerpos se desorienten
por extraviados deseos.

No da para otro invierno
sin abrazo
sin el roce de un pie sobre el otro
sin el calor de una espalda
en la madrugada.

(Publicado en *Fragmentos de un deceso*. Libro en conjunto con el poeta ecuatoriano David Sánchez Santillán, Colección Dos Alas, El Ángel Editor, 2017)

DEBES FIRMAR UN ACUERDO DE PAZ

ondear la banderita blanca
desde la escalera de incendios.
Olvida laceraciones
el goteo
el beso a la hora de dormir
el beso para despedirte.
Líbrate de la enfermedad crónica
de querer abrazar a hombres
en la madrugada
en sueños
contra la almohada sudada.

Confecciona historias
transfórmate en costurera de mentiras
borda en silencio
imita a la abuela con el soso hilo
tan parecido a tu vida.
Mantén la prudencia
flagélate si es necesario
suplanta los deseos
por galletas
con mantequilla Presidente.

Cargas un reloj inglés
la marca más antigua del mundo
en tu interior empalagoso.
Solo tú puedes llegar al segundo preciso
a la hora de la rebelión
al día en que ya no puedas con las concesiones.

Recuerda quien eres
coloca tus perversiones estratégicamente
en los anaqueles.
Crédulo repite el mantra:
aparecerá alguien que quiera tocarme
que disfrute mi cuerpo tal cual es
y ansíe fertilizarme
con el ácido amarillento de su orine
para hacerme florecer cada primavera
y dejarme morir al final del otoño.

(Publicado en *Fragmentos de un deceso*. Libro en conjunto con el poeta ecuatoriano David Sánchez Santillán, Colección Dos Alas, El Ángel Editor, 2017)

NO GOLPEA A SU MARIDO

después de la misa del domingo
ni se emborracha con los chavos
destinados a la compra del mes.
No le da puntapiés a su gata
y jamás desecha condones
en el parque.
No se involucra
en la compra y venta de drogas
y no usa a niños para su distribución.

Su único crimen ha sido
amar a otro hombre
y beber despacio
su sudor.

(Publicado en *Fragmentos de un deceso*. Libro en conjunto con el poeta ecuatoriano David Sánchez Santillán, Colección Dos Alas, El Ángel Editor, 2017)

EN QUISQUEYA SE ALZARON EN CONTRA DEL EMBAJADOR
porque venía con su esposo de la mano.
El cardenal que se considera inocente
de nunca haber tocado a un niño
mientras lo rociaba con agua bendita
exige que abandone la isla
o
"que se meta en su embajada y como esposa que es de un
señor que se ocupe de la casa".

Existen demasiadas formas de terrorismo en la villa del Se-
ñor
y algunas provienen del cristianismo.

(Publicado en *Fragmentos de un deceso*. Libro en conjunto con el poeta
ecuatoriano David Sánchez Santillán, Colección Dos Alas, El Ángel
Editor, 2017)

DOS ARMARIOS SEPARADOS PARA EL MATRIMONIO

una pared los divide.
El hedor de perros abusados
impregnado en la ropa.
Ropa destinada para otro clima
zapatos que no funcionan
en aceras magulladas por el hielo negro.
Dos armarios separados para el matrimonio
imitando la trinchera dinamitada
que los separa
noche tras noche.

(Publicado en *Fragmentos de un deceso*. Libro en conjunto con el poeta ecuatoriano David Sánchez Santillán, Colección Dos Alas, El Ángel Editor, 2017)

LA LLAMA

La llama permanece encendida a medias
habita en el interior cavernoso
de un ataúd velludo.
Se esconde en sus venas amargas
y brillosas.
Se cubre con lamentos
o fantasías esporádicas.
Viaja engañosamente
nunca admitiendo su verdadero paradero.
A veces aparece como un espejismo
un parpadeo fantasmagórico
una brasa
en ese fuego moribundo
en el cual se ha convertido.

(Publicado en *Fragmentos de un deceso*. Libro en conjunto con el poeta ecuatoriano David Sánchez Santillán, Colección Dos Alas, El Ángel Editor, 2017)

CRÁTER PARDUSCO
embalsama al cuerpo
mientras observa las golondrinas
que vuelan
sobre su cabeza rota.
Imágenes de barro hueco
explotan
al caminar por Park Avenue.

Ropa inadecuada.
Mirada indecorosa.
Un hombre triste.

(Publicado en *Fragmentos de un deceso*. Libro en conjunto con el poeta ecuatoriano David Sánchez Santillán, Colección Dos Alas, El Ángel Editor, 2017)

ES TANTO EN LO QUE SE DEBE PENSAR

una lista infinita por redactar
las preguntas impertinentes
¿Quién se quedará con la gata?
¿Cuál de los dos quiere el sartén de cobre?
¿Quién se irá primero?

(Publicado en *Fragmentos de un deceso*. Libro en conjunto con el poeta ecuatoriano David Sánchez Santillán, Colección Dos Alas, El Ángel Editor, 2017)

LE LLAMARON "PATO" A LOS CUARENTA Y SIETE AÑOS
en una esquina del Alto Manhattan
mientras esquivaba insinuaciones de machos caribeños
heterosexuales
hasta la caída del sol.

Se posesionan estratégicamente en bancos
del Fort Tryon Park al atardecer
hambrientos de caricias clandestinas
por otros hombres
a los que solo llaman "pato" a la luz del día
y de lejos
para que no reconozcan sus rostros
de la noche anterior.

(Publicado en *Fragmentos de un deceso*. Libro en conjunto con el poeta ecuatoriano David Sánchez Santillán, Colección Dos Alas, El Ángel Editor, 2017)

Resumen

CASI EL INVENTARIO DE UNA DÉCADA

Nunca he sido uno de ustedes
RIMBAUD

El trueno le pertenecía a una santa enjaulada
rayo y sol nunca iluminaron mi pradera.
Jamás tuve los juguetes que tenían las vecinas
ni una madre adúltera.

No fui enteramente dueño de los elogios.

Superé la peste que fabricaron
para nosotros los pecadores.
Los que devoramos a otro hombre
en la oscuridad de un callejón
desde la metrópolis más dolorosa de la unión.

No tuve que observarme dentro del ataúd forrado en
      muselina rosa.

Un gigante contaminado por excesos
odio mezclado con café de Guatemala
explotó en mi interior cientos de veces.

Su semilla nunca germinó.

Escribí un libro
fui enjuiciado por anónimos
y algún que otro poeta.

Primerizo
de apariencia frágil
cientos de flechas apuntándole.
Concebirlo
fue tan doloroso como la muerte
de la maestra.
Defenderlo
aceptar que es parte
de todas mis imperfecciones.

La frase "libro infame" todavía repica en mi interior.

Fue un libro de amor
un libro poblado de miedo
y certeza.
Nunca infame.

Diez años sin descanso
pesadillas en cada ciudad
discapacitado a la hora de amar
hambriento de lecturas
fotografiando a mi paso
historias que luego moldeé
a mi antojo.

Soy un coleccionista de palabras.
que nadie lee.

Insatisfecho estoy con la humanidad
aunque encontré el amor incondicional
en una gata.

He desechado ciudades
y cientos de nombres.
Nombres sepultados
en jardines que nunca fueron míos
en sótanos sin calefacción
en la ribera del Hudson
en cartas que terminaron trituradas.

Una década sin descanso
almacenando lecturas
anotando disturbios
hasta llegar a un pueblo pesquero
sin red
sin embarcación
sin idea de cual carnada a usar
sin poder distinguir a un pez
de un hombre.

¿Acaso un día me pareceré a mis muertos?

ELENA TAMARGO

ACERCA DEL AUTOR

Manuel Adrián López nació en Morón, Cuba (1969). Poeta y narrador. Su obra ha sido publicada en varias revistas literarias y antologías de España, Estados Unidos, México y Latinoamérica. Tiene publicado los libros: *Yo, el arquero aquel* (Editorial Velámenes, 2011), *Room at the Top* (Eriginal Books, 2013), *Los poetas nunca pecan demasiado* (Editorial Betania, 2013. Medalla de Oro en los Florida Book Awards 2013), *El barro se subleva* (Ediciones Baquiana, 2014), *Temporada para suicidios* (Eriginal Books, 2015), *Muestrario de un vidente* (Proyecto Editorial La Chifurnia, 2016), *Fragmentos de un deceso/El revés en el espejo,* libro en conjunto con el poeta ecuatoriano David Sánchez Santillán\ para la colección Dos Alas (El Ángel Editor, 2017), *El arte de perder/The Art of Losing* (Eriginal Books, 2017), *El hombre incompleto* (Dos Orillas, 2017) , *Los días de Ellwood* (Nueva York Poetry Press, 2018/2020), *Un juego que nadie ve* (Editorial Deslindes, 2019) , *El abismo en los dedos* (Eriginal Books, 2020), y *Last Days of a House* (LaMaison Publishing 2021).

Su poesía aparece en las antologías: *La luna en verso* (Ediciones El Torno Gráfico, 2013), *Todo Parecía. Poesía cubana contemporánea de temas Gay y lésbicos* (Ediciones La Mirada, 2015), *Voces de América Latina Volumen II* (Media Isla Ediciones, 2016), *NO RESIGNACIÓN. Poetas del mundo por la no violencia contra la mujer* (Ayuntamiento de Salamanca, 2016), *Antología Paralelo Cero 2017* (El Ángel Editor), *Escritores Salvajes* (Hypermedia, 2019), y Viento del norte: Antología de poetas hispanos en Nueva York (Pigmalion, 2021).

ÍNDICE

Del susurro al rugido
(Antología personal)

Un juego que nadie ve (2019)

El abismo en los dedos (2020)

Los otros

Colección
PREMIO INTERNACIONAL DE POESÍA
NUEVA YORK POETRY PRESS

Colección
CUARTEL
Premios de poesía
(Homenaje a Clemencia Tariffa)

1

El hueso de los días
Camilo Restrepo Monsalve

-

V Premio Nacional de Poesía
Tomás Vargas Osorio

2

Habría que decir algo sobre las palabras
Juan Camilo Lee Penagos

-

V Premio Nacional de Poesía
Tomás Vargas Osorio

3

Viaje solar de un tren hacia la noche de Matachín (La eternidad a lomo de tren) /
Solar Journey of a Train Toward the Matachin Night (Eternity Riding on a Train)
Javier Alvarado

-

XV Premio Internacional de Poesía
Nicolás Guillén

4

Los países subterráneos
Damián Salguero Bastidas

-

V Premio Nacional de Poesía
Tomás Vargas Osorio

5

Las lágrimas de las cosas
Jeannette L. Clariond

-

Concurso Nacional de Poesía
Enriqueta Ochoa 2022

6

Los desiertos del hambre
Nicolás Peña Posada

-

V Premio Nacional de Poesía
Tomás Vargas Osorio

Colección
VIVO FUEGO
Poesía esencial
(Homenaje a Concha Urquiza)

1
Ecuatorial / Equatorial
Vicente Huidobro

2
Los testimonios del ahorcado (Cuerpos siete)
Max Rojas

Colección
PARED CONTIGUA
Poesía española
(Homenaje a María Victoria Atencia)

1
La orilla libre / The Free Shore
Pedro Larrea

2
No eres nadie hasta que te disparan /
You are nobody until you get shot
Rafael Soler

3
Cantos : & : Ucronías / Songs : & : Uchronies
Miguel Ángel Muñoz Sanjuán

4
13 Lunas 13 / 13 Moons 13
Tina Escaja

5
Las razones del hombre delgado
Rafael Soler

6
Carnalidad del frío / Carnality of Cold
María Ángeles Pérez López

Colección
MEMORIA DE LA FIEBRE
Poesía feminista
(Homenaje a Carilda Oliver Labra)

1
Bitácora de mujeres extrañas
Esther M. García

2
Una jacaranda en medio del patio
Zel Cabrera

3
Erótica maldita / Cursed Erotica
María Bonilla

4
Afrodita anochecida
Arabella Salaverry

5
Zurda
Nidia Marina González Vásquez

Colección
PIEDRA DE LA LOCURA
Antologías personales
(Homenaje a Alejandra Pizarnik)

1
Colección Particular
Juan Carlos Olivas

2
Kafka en la aldea de la hipnosis
Javier Alvarado

3
Memoria incendiada
Homero Carvalho Oliva

4
Ritual de la memoria
Waldo Leyva

5
Poemas del reencuentro
Julieta Dobles

6
El fuego azul de los inviernos
Xavier Oquendo Troncoso

7
Hipótesis del sueño
Miguel Falquez Certain

8
Una brisa, una vez
Ricardo Yáñez

9
Sumario de los ciegos
Francisco Trejo

10
A cada bosque sus hojas al viento
Hugo Mujica

11
Espuma rota
María Palitachi (Farazdel)

Colección
MUSEO SALVAJE
Poesía latinoamericana
(Homenaje a Olga Orozco)

Colección
TRÁNSITO DE FUEGO
Poesía centroamericana y mexicana
(Homenaje a Eunice Odio)

1
41 meses en pausa
Rebeca Bolaños Cubillo

2
La infancia es una película de culto
Dennis Ávila

3
Luces
Marianela Tortós Albán

4
La voz que duerme entre las piedras
Luis Esteban Rodríguez Romero

5
Solo
César Angulo Navarro

6
Échele miel
Cristopher Montero Corrales

7
La quinta esquina del cuadrilátero
Paola Valverde

8
Profecía de los trenes y los almendros muertos
Marco Aguilar

9
El diablo vuelve a casa
Randall Roque

10
Intimidades / Intimacies
Odeth Osorio Orduña

11
Sinfonía del ayer
Carlos Enrique Rivera Chacón

❦

Colección
LABIOS EN LLAMAS
Poesía emergente
(Homenaje a Lydia Dávila)

Colección
SOBREVIVO
Poesía social
(Homenaje a Claribel Alegría)

1
#@nicaragüita
María Palitachi

2
Cartas desde América
Ángel García Núñez

3
La edad oscura / As Seen by Night
Violeta Orozco

4
Guerra muda
Eduardo Fonseca

✖

Colección
VÍSPERA DEL SUEÑO
Poesía de migrantes en EE.UU.
(Homenaje a Aida Cartagena Portalatín)

1
Después de la lluvia / After the rain
Yrene Santos

2
Lejano cuerpo
Franky De Varona

3
Silencio diario
Rafael Toni Badía

4
La eternidad del instante / The Eternity of the Instant
Nikelma Nina

Para los que piensan, como Octavio Paz, que la "poesía es la unión de dos palabras que uno nunca supuso que pudieran juntarse", este libro se terminó de imprimir en el mes de febrero de 2022 en los Estados Unidos de América.